Os óvnis vêm do... futuro

Para desvendar mistérios

Cacildo Marques

Cacildo Marques

ISBN: **979-8668633333**

Capa: Pirâmide de Chichen Itzá

Episteme Ed

Marques, Cacildo
Os óvnis vêm do... futuro: para desvendar mistérios./
Maryland, 2020.
115p.
ISBN: **979-8668633333**

1. Física Moderna Espaço-tempo. II. Viagem. I. Título
DDC 539.910

Os óvnis vêm do... futuro

Para desvendar mistérios

Cacildo Marques

ÍNDICE

Prefácio

Um registro de julho de 2019

A percepção de que os óvnis são artefatos terrestres, descontando os cometas e os meteoros, eu a tenho desde a década de 1980. Como ninguém tinha localizado um ponto de decolagem, ou uma fábrica dessas naves escondida em alguma floresta ou em algum deserto, as especulações, minhas e de todos os que se preocupam com o fenômeno, mantiveram-se acesas pelas décadas seguintes.

Seriam eles máquinas enviadas por alguma civilização subterrânea desconhecida? Seriam obra de técnicos que circulam entre nós, mas que trabalham em algum projeto militar protegido por uma nova ciência da invisibilidade? Não, nem essas nem outras hipóteses fantasiosas respondiam às indagações.

Finalmente, no dia 22 de julho de 2019 publiquei em blog do Google artigo na internet apresentando a conclusão destes últimos anos, de que os óvnis vêm do futuro, para fazer pesquisa sobre nós e sobre tempos mais antigos. Ele é, com pequenas alterações, o primeiro capítulo deste presente livro (encontra-se neste endereço web: **tiny.cc/7adbsz**).

O Prof. Michael P. Masters, docente de Antropologia Biológica da Universidade Tecnológica de Montana, publicou no fim de 2019 o livro "Identified Flying Objects" (ISBN 978-1733634007), contendo tese central equivalente à de meu artigo. Se o livro dele foi publicado depois de 22 de julho, e não há outra publicação anterior sobre o tema, eu tenho a primazia da descoberta.

Se há publicação mais velha que a minha, anterior à data acima, então eu é que fui vítima do mau costume da protelação, por ter demorado muito em tornar pública uma constatação que eu tinha feito há vários anos.

Não sou tão condescendente quanto o Prof Masters em considerar que os homens vistos pelas pessoas que recebem visitas de óvnis têm aspecto de extraterrestres. Seguramente não têm, embora não se vistam como os astronautas do início do século XXI. Se os descrevem com estatura muito baixa, olhos muito grandes e ovalados, ausência de cabelos, pele verde ou outras incorporações de mitos fenotípicos, isso é porque, primeiro, relacionam-nos com visitantes de outros planetas, e, segundo, não têm oportunidade de ver esses tripulantes em situação comum, como pessoas andando pelas ruas, em largos intervalos de tempo. Dessa forma, a descrição que fazem surge mais como fruto da imaginação que da observação.

É quase certo que mudaremos nossa indumentária no futuro, e que a roupa dos tripulantes de voos espaciais ou espaço-temporais agregará novos recursos tecnológicos e visuais. Mas não teremos nos próximos séculos uma fase de equilíbrio pontuado a consolidar uma nova fisionomia comum para o Homo sapiens. Quanto à baixa estatura, existe a possibilidade de que os indivíduos escolhidos para a viagem sejam de pequeno porte físico, para melhor atravessar a ponte. Mas essa é uma chance pequena. Quando vemos de longe uma pessoa sentada, dificilmente temos como avaliar sua real estatura. Pode ser também que para viajar no tempo seja necessário rapar a cabeça. Sabe-se lá!

Nesses últimos anos tive tempo de pensar sobre as consequências e alterações no modo de vida da humanidade depois da conquista da viagem no tempo. Como todos os grandes passos da ciência, há os avanços, os usos honestos e produtivos, e há usos perversos. Mas desta vez, enfim, tudo será previsível, ao contrário do que ocorria no passado. O cidadão pode saber o dia de sua morte, mas isso não assusta, porque ele visita tempos posteriores. Assim, tanto faz viver 40 anos, 100 anos ou 200 anos. O tempo deixa de valer ouro, porque ele se dilata para milênios antes e milênios depois.

Cacildo Marques, S. Paulo, julho de 2020.

x

Capítulo 1. Óvnis são naves de terráqueos

Desde que o governador John Winthrop, de Massachussets, escreveu relatos de homens que viram no céu objetos luminosos voando em alta veocidade, em janeiro de 1639, avolumam-se as histórias de encontros com óvnis nas Américas.

Esses contatos têm muitos pontos em comum, que deveriam ser levados em conta para a formulação de hipóteses válidas para explicar o fenômeno.

Descrição. O fato mais importante é que todos esses óvnis, se tripulados ou não, têm um enorme cuidado em não interferir no ambiente visitado. Mesmo que a pessoa que os visualize tenha a sensação de que poderá sofrer um choque, que pode ser fatal, tal coisa nunca aconteceu. De fato, os óvnis nem precisam ter esse cuidado. Eles não interferem mesmo.

Os outros pontos comuns constantes nos relatos são de que esses objetos param no ar de modo repentino, de uma forma que nenhuma nave humana atual consegue fazer. Assim como param, partem em altíssima velocidade. São sempre objetos muito luminosos. Seu formato é cilíndrico, oval ou em forma de pires, sempre arredondado, nunca cúbico, o que, obviamente, facilita sua rápida locomoção.

É necessário estar atento ao fato de que, embora os óvnis funcionem com tecnologias que até hoje a ciência não domina, como o uso de alguma forma muito avançada de energia e recursos da engenharia de Taguchi que ainda não se aplicam ao transporte de humanos, outros aspectos das naves são compatíveis com a aerodinâmica e o deslocamento que seriam esperados de aparelhos voadores fabricados pela indústria atual.

Base. Devemos também estar cientes de que a segurança de voo recebeu pouquíssimos avanços desde as importantes contribuições de Jerome Fox Lederer, na década de 1950 - como a introdução do rádio nas cabines das aeronaves, - e o motivo dessa paralisia é o interesse das companhias de aviação em alardear a excelência do sistema atual, montada em estatísticas convenientes, sem a preocupação de pressionar por melhorias. Tudo isso é efeito da chamada "base instalada". Se as companhias passarem a exigir das fábricas equipamentos dotados de novas formas de decolagem e pouso e de novos mecanismos de garantia de segurança individual para passageiros, este simples ato denunciará uma incerteza que elas não aceitam deixar transparecer. Esta fase, porém, não durará muitas décadas.

Assim que as companhias estiverem dispostas a testar novos inventos, não apenas com avanços incrementais, como tem sido desde a criação da turbina a jato, mas com novidades revolucionárias, então estaremos de frente para o futuro do transporte aéreo. Passaremos a entender como os óvnis funcionam e deixaremos de olhá-los como um grande mistério.

Procedência. Sim, porque os óvnis não vêm de outros planetas. Eles são - a rigor, serão - fabricados por nossa indústria.

Serão? Exatamente. De onde vêm os óvnis? Daqui mesmo, mas de épocas futuras.

Tomada a hipótese de trabalho de que eles não vêm de fora da Terra, haveria ainda a possibilidade de existir uma civilização que se desenvolve fora de nossos radares, talvez em alguns ambientes subterrâneos, ou no fundo de algum oceano. Com todos os instrumentos de rastreamento de que dispomos hoje vasculhando sem nada encontrar nesses locais, a chance de existir esse tipo de civilização é praticamente desprezível. Resta a viagem no tempo.

Os óvnis são naves que os humanos do futuro usam para pesquisar o que para eles é passado, e também para pesquisar o futuro deles.

Pelo paradoxo do avô, eles não podem interferir nos fatos que já são parte do passado. Uma ou outra pessoa que receba a visita deles pode desmaiar de susto, mas logo recobra os sentidos, sem carregar sequelas. Se ela está sozinha e acredita em ETs, pode imaginar que foi abduzida enquanto dura esse desmaio. (Paradoxo do avô: um viajante que viaje ao passado e interfira nele poderá matar seu próprio avô, fazendo com que o próprio viajante não possa existir.)

Os pesquisadores do futuro visitam nosso tempo, e também tempos de um passado mais remoto, colhendo e conferindo informações. Desde o século XVII, quando já estávamos experimentando meios avançados de transporte, passamos a entender que essas naves podem conter pessoas. Os que viram as mesmas em séculos anteriores enxergaram-nas como fenômenos luminosos da natureza ou como manifestações do mundo sobrenatural.

Os óvnis, no entanto, não vêm de outros planetas nem do mundo dos espíritos. Eles são veículos usados por nossos amigos pesquisadores de algumas décadas mais à frente.

Espaço-tempo. Não é o caso da relatividade de Galileu, nem da relatividade de Poincaré, mas desde a Teoria da Relatividade Geral de Einstein, de 1916, todo o estudo da Mecânica está voltado, direta ou indiretamente, para a possibilidade das viagens no tempo. Falta achar a passagem. Stephen Hawking dizia que ela pode estar nos buracos de minhoca, que conectam as dobras do espaço-tempo. Ainda não sabemos, mas se não especularmos não alcançaremos o feito.

As viagens no tempo, que pelo entendimento atual são limitadas apenas pelo paradoxo do avô, provocarão uma revolução sem precedentes na vida humana. Além de permitir o esclarecimento dos fatos históricos pretéritos, elas vasculharão o futuro e eliminarão, quase por completo, as possibilidades de epidemias, conflitos bélicos e grandes acidentes, porque a incerteza será reduzida a quase zero. As etiologias serão todas desvendadas, num período curto de tempo. E, certamente, as loterias nacionais, os grandes campeonatos esportivos e outras práticas baseadas no acaso desaparecerão, porque estarão obsoletas. Os grandes roubos e os grandes desvios financeiros deixarão de ser praticados, porque seriam crimes rapidamente esclarecidos. A democracia, com cartas marcadas ou não, deixará de ser um jogo, cedendo lugar a métodos mais apropriados de escolha. Porém, os jogos em *petit comité* e os pequenos sorteios continuarão funcionando sem problemas, porque as naves que levarão os pesquisadores ao futuro não estarão preocupadas com eles.

Capítulo 2 – Os deuses não eram astronautas

Leitores que acompanham publicações que defendem ideias anticientíficas são pessoas curiosas e livres, utilizando seu direito de absorver informações variadas, que, por si mesmas, não fazem mal.

No entanto, autores de livros e artigos que confrontam os métodos científicos, ganhando dinheiro com essa atitude, agem quase sempre plenos de convicção, isto é, não são charlatões por má-fé, embora muitos deles tenham seus contenciosos com a justiça. São, na maioria dos casos, pessoas com problemas mentais leves, os quais serão devidamente diagnosticados e classificados no futuro, com quase toda a certeza.

Não devemos acusá-los de fraudulentos por insistirem na defesa de ideias sem sentido. Este é o caso dos terraplanistas. Eles defendem essa visão de mundo porque é ela que está ao alcance deles. Com um pouco mais de elaboração mental estão os defensores das visitas de homens alienígenas.

'Quando o professor de biologia introduz a teoria da evolução no segundo ano do ensino médio, ou no terceiro ano, ele não precisa explicar que o aparecimento de pessoas em outros planetas com uma conformação semelhante à dos seres humanos, com cabeça, tronco e membros, e tendo uma cabeça sem antenas ou chifres, mas com dois olhos, duas orelhas e uma boca, com cabelos no topo ou não, tudo isso contradiz diretamente a concepção darwiniana, estando mais de acordo com a teoria aristotélica da geração espontânea, descartada por Louis Pasteur no século XIX. Mesmo com chifres ou antenas, essas pessoas são impossíveis.

Haveria duas possibilidades para a existência de seres vivos em diferentes planetas, de acordo com o darwinismo: (a) eles são derivados de um tronco comum, situado em algum lugar do universo, ou (b) a forma de vida extraterrestre foi gerada independentemente lá, e então existiu um tronco comum naquele planeta, muito diferente do que tínhamos na Terra.

Suponhamos, no caso mais favorável, que a vida naquele planeta distante provenha de um tronco comum que também é o nosso. Ora, essa separação entre nós e eles ocorreu muito antes da separação da Austrália em relação aos outros territórios do sudeste da Ásia e da Antártica. Apenas com o reduzido tempo, em comparação com a separação dos outros seres do planeta, os animais australianos se desenvolveram em coalas, cangurus, ornitorrinco e vários outros, sem parentes próximos na Europa, na África ou nas Américas. Como as árvores endêmicas da Ilha Socotra, os animais da Austrália adquiriram uma compleição muito diferente daquela dos animais dos continentes por causa do fenômeno da especiação, que é a formação de novas espécies como resultado da distância física de seus ancestrais.

Especiação. Que formato terão os seres de outros planetas? Pelas cinco teorias (Ernst Mayr) embutidas na Teoria da Evolução darwinista (*tronco comum, evolução, seleção natural, gradualismo* e *especiação*), se existem fora da Terra seres vivos visíveis a olho nu, eles têm aspecto completamente distinto de todas as espécies que conhecemos. Podem, inclusive, não pertencer a nenhum dos cinco reinos tradicionais da Terra: *animalia, plantae, fungi* (fungos), *protista* (protozoários e algas) e *procarionte* (antigo "monera", mas apenas com bactérias e cianobactérias), nem mesmo na classificação mais recente, de Carl Woese, dos três domínios, que são *Eukarya* (ou eucariontes: animalia, plantae, fungi e parte do reino protista), *Archaea* (ou árqueas: micro-organismos unicelulares que vivem em condições muito adversas, como lagos salinos ou fontes com gás sulfídrico) e *Bacteria* (bactérias: micro-organismos unicelulares procariontes que não possuem em sua membrana citoplasmática os éteres lipídicos das árqueas).

Não é necessário ser pessimista para acreditar que se há formas de vida extraterrestre elas têm mais chance de classificar-se como árqueas. Não é de todo impossível que haja eucariontes, mas, convém repetir, se existem são completamente fora dos padrões com que lidamos em nosso planeta.

Suponhamos que de determinado planeta venham à Terra seus seres mais avançados, dotados de consciência, mas cujo aspecto, embora andem e talvez até levitem, seja o de uma rocha. A menos que tenham aprendido antes uma forma de estabelecer conversas conosco, seria muito difícil reconhecer naqueles seres algo como astronautas inteligentes. O formato de rocha é uma possibilidade apenas, pois eles poderiam ter fenótipo próximo a um cacto, uma libélula, um cogumelo, uma água-viva, uma centopeia, um coco, uma flor de maracujá, ou qualquer outra coisa que se parecesse com algo natural. Certamente não seria muito semelhante a nada disso, mas nossa primeira providência seria buscar em nosso cérebro alguma aparência que nos permitisse descrever esses extraterrestres, porque a primeira pergunta de nossos amigos seria esta: Eles se parecem com o quê?

Antigos. Alguns avanços técnicos dos povos da Antiguidade são surpreendentes, para épocas em que o procedimento científico ainda estava por acontecer. O que mais assusta são as pirâmides do Egito, junto com sua medicina. Está nos relatos que os cirurgiões faziam operações no cérebro de pessoas com problemas mentais, através da arte da trepanação, que consistia em retirar um pedaço do crânio, fazer a intervenção necessária, por exemplo, removendo um tumor ou um coágulo, e tampando novamente a área com esse pedaço ósseo retirado.

A ciência experimental, epistêmica, foi introduzida no século VII a.C., por Tales de Mileto, na Grécia, em estudos de Geometria. Essa Geometria, que mais tarde recebeu o adjetivo Euclidiana, está toda decifrada, sem nada mais a revelar-se, desde o fim do século XIX. Muitos estranham essa condição, mas é porque não se dão conta de que é a ciência primeira. Antes dela existiam a Aritmética, Astronomia, a Arquitetura, a Gramática, a Navegação, a Botânica e várias outras áreas de estudo, mas elas eram simples técnicas, não ciência epistêmica.

Não há, pois, ao contrário do que os especuladores fantasiosos imaginam, fatos que contrariem a Teoria da Evolução nos aspectos relacionados ao progresso do conhecimento. Talvez não se deva falar em tronco comum e seleção natural na história das ideias, mas está claro que evolução, gradualismo e especiação estão presentes no avanço do conhecimento. O fenômeno mais evidente é o da especiação, constante na dispersão das línguas a partir da "Torre de Babel". E se existiu de fato algo como uma tal torre, um momento da vida humana em que todos se entendiam, falando uma mesma língua, então vale também o fenômeno do tronco comum para a evolução do conhecimento.

O que sabemos hoje é que as línguas atuais derivam de alguns poucos troncos linguísticos, mas não temos ainda como averiguar se existiu um tronco único comum a todos esses velhos ramos.

Como a evolução é observada no conhecimento, não há lugar para saltos, contrariando o gradualismo, nem para surgimento de características antes do desenvolvimento de seus alicerces.

Se os egípcios construíram as pirâmides com tanta maestria, não é porque tenha havido ali alguma ciência experimental. Havia apenas técnica apurada.

Um pedreiro bem treinado, mas sem conhecimento científico, pode construir uma ponte útil sobre um rio. Ele não tem como avaliar por quantas décadas ela resistirá nem qual é o peso máximo que ela pode suportar. Um engenheiro, que tem formação científica, se tivesse acompanhado o pedreiro nessa construção, poderia ter feito todos esses cálculos.

Se na época de Hamurábi alguém tivesse feito alguma demonstração científica, um milênio antes de Tales, séculos antes do desenvolvimento da noção de proporção, isto sim, teria sido algo além de nossa compreensão. Da mesma forma, seria incompreensível para nós que alguém tivesse inventado a geladeira um século antes da Revolução Francesa, época em que surgiram os primeiros estudos da Termodinâmica.

Tales: provas científicas na Geometria

Carros. Roger Bacon (1214-1294), estudando na Inglaterra de sua época os caminhos e as possibilidades da ciência e da tecnologia, imaginou muitos aparelhos que só seriam construídos cinco ou seis séculos depois. Este foi o caso do navio a vapor, que ele vislumbrou e descreveu, mas que só veio a singrar rios e mares no ano de 1807, por arte do engenheiro Robert Fulton (1765-1815).

"Um dia haverá carros que se moverão a altíssima velocidade", escreveu ele, "e sem o apoio de tração animal". Roger Bacon sabia que em seu tempo não havia como construir tais carros, e não tinha como precisar a data para isso. A Guerra dos Cem Anos, que veio pouco tempo depois, não estava nos planos, mas todos os conflitos armados e todas as epidemias imagináveis estavam no horizonte das populações, às vezes impulsionando, mas muitas vezes atrasando o progresso tecnológico. No caso da Guerra dos Cem Anos o estrago foi irrecuperável, com a perda de Constantinopla para o Império Turco-Otomano, no rastro da devastação em que ficou a Europa, marcando o fim da Idade Média (1453). Só muito depois de tudo isso é que, por exemplo, a reforma do Calendário Juliano, proposta por Roger Bacon, veio a ser implementada, o que ocorreu em 1582, no chamado Calendário Gregoriano, que utilizamos hoje.

Além do navio a vapor e do automóvel, Roger Bacon descreveu também o balão aeróstato, o submarino, os óculos e o telescópio. Foi o primeiro pesquisador na Europa a desenvolver uma fórmula para a pólvora, incendiando em seguida o produto em praça pública e provocando enorme clarão.

Assim como Roger Bacon descreveu muitos inventos sem ter podido concretizá-los, o mesmo viria a ocorrer com Leonardo Da Vinci (1452-1519), que descreveu o tanque de guerra (para combater os turcos caso chegassem a Veneza), o helicóptero e outros aparelhos, mas não tinha como colocá-los em funcionamento, pois seria necessário que alguém inventasse o motor, fosse ele a máquina a vapor, o motor a combustão ou o motor elétrico. A máquina a vapor, o primeiro aparelho útil de automação, só veio a ser criado em 1633, por Edward Somerset (1601-1667), mais tarde Marquês de Worcester. Porém, só mais de 60 anos depois é que surgiu a máquina de mineração de Thomas Savery, de 1698, inspiradora da máquina de vapor atmosférica de Thomas Newcomen (1663-1729), de 1712, a qual serviu de modelo à máquina a vapor de James Watt (1736-1819), finalizada em 1775. Por essa época surgiu em Lisboa, em 1709, o primeiro aeróstato, balão de ar quente, criado pelo jesuíta Bartolomeu de Gusmão (1685-1724), nascido na cidade de Santos.

Desses avanços é que resultaram a máquina de tecelagem de

Joseph Marie Jacquard (1752-1834), em 1801, na França; a locomotiva de Richard Trevithick (1771-1833), em 1804, na Inglaterra; e o barco a vapor de Robert Fulton, em 1807, nos Estados Unidos,

Eolípila. Heron de Alexandria (10 d.C – 70 d.C), o mais prolífico inventor da Escola de Mecânicos de Alexandria foi, sem dúvida, o primeiro pesquisador a inventar uma máquina a vapor, a *eolípila* (bola de vento).

Consistia de uma espécie de bacia metálica, montada sobre um tripé, com um fogareiro embaixo. Sobre a bacia, subiam dois tubos que sustentavam uma bola metálica oca, que podia ser girada. Essa bola tinha em pontos opostos duas saídas de ar, que eram dois caninhos em forma de "L". Quando o fogareiro era aceso e a água era aquecida, o vapor subia pelos dois tubos e enchia a bola, ao mesmo tempo em que procurava escapar pelos dois caninhos. Com isso a bola começava a girar. Alguns registram que a ideia original para esse mecanismo foi do arquiteto romano Marco Vitrúvio, que não chegou a concretizá-lo.

O objetivo de Heron com essa máquina não era ainda fazê-la trabalhar, substituindo tração humana, pois a criação de máquinas tendo o vapor como tração era absolutamente nova. Muito conhecido era o uso da força hidráulica, como era o caso da roda d'água e do monjolo, muito utilizados no campo. A eolípila durante vários séculos foi vista apenas como um brinquedo, e a ideia de Heron ao criá-la foi mostrar o funcionamento da pressão do vapor.

Consta que Heron concebeu cerca de 80 inventos, entre máquinas hidráulicas e máquinas a vapor. Uma delas foi uma adaptação da eolípila. Tratava-se de uma máquina para abrir a porta do templo. O sacerdote acendia uma espécie de fornalha, que aquecia uma caldeira, e esta fazia girar uma bola metálica que estava atada a umas cordas que faziam abrir a porta. Depois que esse esquema entrou em funcionamento, Heron ganhou em Alexandria o apelido de "Mago".

Pouco mais de dois séculos antes de Heron, outra figura a produzir muitos inventos na Escola de Mecânicos foi Ctesíbio de Alexandria (285 a.C – 222 a C). Tido como o primeiro diretor do Museu de Alexandria, Ctesíbio é conhecido como o "pai da pneumática", pois iniciou a aplicação da compressão do ar no funcionamento de aparelhos. Entre seus inventos estão a bomba de pressão hidráulica e o órgão hidráulico de tubos. Foi a primeira pessoa a construir um relógio (clepsidra) de ponteiros, este acionado pela pressão da água nos dutos, regulada por um sifão.

O inspirador da formação dessa Escola de Mecânicos de Alexandria foi Arquimedes de Siracusa (288 a.C – 212 a.C), com sua maravilhosa invenção da roda dentada, entre outras. Há relatos dando conta de que Ctesíbio foi aluno dele.

Criatividade. Como podemos ver por esses e outros exemplos, o desenvolvimento da ciência não brota do vazio. O conhecimento passa de pai para filho e cresce na interação entre mestres de gerações sucessivas.

Não sabemos ainda como funciona a criatividade, que, segundo Carl Jung, em locução derrotista, "é um mistério que jamais a ciência poderá decifrar". Não devemos desistir de entendê-la, embora isso esteja distante. Mas já sabemos que ela está presa às possibilidades do momento em que vive o cidadão heurístico.

Dédalo, preso no labirinto em Creta com seu filho Ícaro, poderia ter mesmo voado dali depois de construir asas e atá-las ao corpo. Mas não poderia em sua época mitológica, de nenhum modo, inventar o avião, que dependeu da descoberta da propulsão vertical dos motores, em 1906. (O infeliz Ícaro, como se sabe, desrespeitou a recomendação do pai de não voar muito alto, perto do Sol, e acabou por desabar no mar por ter feito derreter a cera que prendia as asas ao corpo.)

Do mesmo modo, os persas do século V inventaram o moinho de vento – uma aplicação das ideias de Ctesíbio e Heron -, mas não poderiam ter inventado o liquidificador, que depende da eletricidade e só veio a ser criado em 1904, nos Estados Unidos.

Não sabemos ainda o que é exatamente a criatividade, mas sabemos bem o que ela não é. Os departamentos de registro de patentes têm muita clareza disso.

Antes da invenção da vacina, pelo Dr. Edward Jenner, em 1792, inicialmente um produto de combate à varíola, incontáveis pessoas morreram precocemente atingidas por essa doença. Um condoído ser de outro planeta, poderia ter mostrado a um pesquisador de vários séculos antes o caminho para desenvolver a vacina. Poderia? Não. Não há esse tipo de salto. Sofríamos e morríamos pela varíola, mas isso era parte de nosso aprendizado.

Como alertou Roger Bacon, grande iniciador da prática da ciência experimental, um povo que não utilizasse o fogo em sua cultura ensinaria os jovens apenas na teoria sobre esse elemento. Isso seria trabalho quase inútil, porque um jovem instruído assim, apenas por teses, ao visitar um país em que as pessoas usassem o fogo, certamente sofreria queimaduras, por não ter tido em sua formação o contato educativo com as chamas e as brasas.

Superior. Os que creem na visita de extraterrestres pilotando óvnis têm uma visão comum sobre essas pessoas, além do fenótipo. Elas são, se não mais inteligentes que nós terráqueos, pelo menos detentoras de uma tecnologia superior, talvez por estarem há mais tempo nesse caminho do progresso científico. Garantem também que suas naves têm formato de pires, o que pode ser verdade.

Se essa gente visita a Terra desde o século XVII, certamente já conhece muito de nossos costumes e de nossa índole. Então há somente cinco possíveis explicações para a ausência de contato aberto até hoje. A primeira é que eles avaliaram desde o início que não vale a pena interagir conosco, por uma questão de relação custo-benefício, não tendo o que ganhar conversando com os humanos, meros objetos de estudo. A segunda explicação é que, apesar de seu alto grau de inteligência, não conseguiram nestes séculos decifrar nossa língua nem criar alguma forma de comunicação segura. A terceira é baseada em raciocínio que Stephen Hawking apresentou: temem trazer, com o contato, danos a nossa espécie muito maiores que os micro-organismos mortais trazidos pelos europeus para as populações do Novo Mundo no fim do século XV, micro-organismos que encontraram todo um continente sem os anticorpos que os europeus já detinham. A quarta possibilidade é o reverso da terceira: perceberam desde o início que não podem descer aqui e interagir conosco sem sofrer contaminação de micróbios que para eles são letais. Enfim, a quinta explicação, que é uma versão mais forte em relação à primeira, é que eles, de fato, não estão nenhum pouco preocupados conosco, mas estão apenas investigando os outros pertences de nosso planeta, como algum minério raro e valioso para eles.

Privilégio. Pessoas de preparo nada desprezível, ainda que não levando muito em conta a Teoria da Evolução, defendem um argumento apurado para a existência desses alienígenas viajantes espaciais dotados de consciência: assim como foi provado, por Copérnico, Kepler e Galileu, que a Terra não é o centro do universo, mas apenas um planeta entre muitos milhares, sem nenhuma localização privilegiada, contrariando a crença dos antigos, do mesmo modo, nós, seres humanos, não podemos acreditar que somos especiais, sem êmulos nossos em outros planetas ou outras galáxias.

Ora, o raciocínio é esperto, mas ele é fundado em mera analogia. Pensávamos que a Terra tinha posição única e privilegiada, e era mentira. Hoje, segundo essas pessoas, pensamos que os humanos são únicos e dotados de uma condição privilegiada, que é a de portar consciência. Isso, analogamente, deve ser uma mentira.

Quem imaginar que é uma situação angustiante sermos uma espécie sem êmulos no resto do universo precisa atentar para o fato de que somos oito bilhões de espécimes sobre a Terra, oito bilhões de humanos, de tipos muito variados, e isso é um número estrondoso, resultante de nossa imprevidência. Por que querer outro tanto fora do planeta? O segundo ponto a observar é que a consciência de que dispomos pode ser uma mera contingência. Se descobrirmos no subsolo da Lua uma rocha com um brilho excepcional, maior que qualquer brilho existente no universo, isso é uma contingência, uma mera eventualidade, entre as bilhões que existem por aí. O que a Lua ganha com isso? Nada, a não ser algumas expressões de surpresa de nossa parte.

Há pessoas que reforçam a crença no privilégio afirmando que acreditar sermos a única espécie consciente no universo é uma forma de egoísmo. Ora, muito antes de conseguir dividir o pão com os bilhões de irmãos da Terra já estão pensando nos irmãos extraterrestres. E se eles, em existindo, forem espécies altamente superiores e altamente danosas para nossa frágil existência?

Certa etnia foi escolhida para ser escravizada por uma nação mais poderosa. A escolha deu-se por ser aquela gente dotada de compleição mais resistente, de braços mais fortes que os das etnias em volta. Por séculos esses indivíduos fortes sofreram as dores da escravidão. A pergunta é: sua condição de maior resistência física e de portadores de braços fortes era um privilégio ou uma maldição?

Quem achar que é um privilégio pode continuar sustentando que não é justo que apenas nós humanos terráqueos possuamos consciência. Pois não sabemos ainda se o fato de sabermos sobre nossas fraquezas é um privilégio ou o contrário disso.

Para os desígnios da máquina do universo (sem pensar em "intelligent design"), pode ser que nossa conquista do estágio da consciência seja algo parecido com aquela condição daquela etnia de braços fortes, e sobre nós seja lançado um fardo quase insuportável.

Suicidas. Devemos pensar nas razões que levam uma pessoa depressiva ao suicídio. Ora, alguém em estado de depressão está em momento de comunhão com forças profundas da existência. Sua frequência mental não está em estado acelerado, mas em situação contrária, em posição de captar grandes verdades que não nos chegam quando estamos em estado eufórico ou intermediário. Ainda assim, o depressivo opta pelo suicídio. O que isso nos diz é que se não estamos entretidos, envoltos em nossas tarefas cotidianas ou empenhados em projetos que nos são caros, se não nos deixamos levar pela artificialidade da vida, pela ciência, pela arte, pelos esportes, pelos negócios, pela política, pelos namoros, se não estamos nesses passatempos, podemos "cair na real", podemos descer ao fundo da verdadeira condição de nossa consciência, e então encontrar, pior que o nada, o assombro.

Diferentemente do elefante, do gato, do pato, do peixe, das aves e de quaisquer outros animais, nós assim que abrimos os olhos para a vida, no momento do nascimento, desatamos num lancinante choro, entendido como o sinal de que estamos vivos. Sim, mas é o sinal também do espanto sofrido, porque só nós, entre os seres vivos, temos ciência da imensa carga que recairá sobre nossos ombros. O rosto alegre das pessoas que estão em volta, assistindo a nossos primeiros respiros, não nos engana. Poderiam usar sorrisos para dissimular sua desgraça na frente de um adulto saindo do estado de coma, mas não ante um bebê no primeiro dia de vida, dono da mais limpa percepção do mundo.

Nosso remédio psicológico para tirar a pessoa da depressão, e, portanto, do alto risco de suicídio, é levá-la a interagir com os semelhantes, levá-la a empenhar-se em tarefas que a desvie desse aprofundamento do sentido do ser.

Muitos dizem coisas como "ele estava tão bem ontem à tarde, e à noite cometeu suicídio". Sim, à noite aquele bem-estar demonstrado à tarde desapareceu. O indivíduo entrou em depressão em questão de horas, quase certamente retomando uma situação já costumeira. Se numa hora ele estava divertindo-se, na outra estava ensimesmado e buscando o sentido da existência, que se revelou insuportável.

O suicida é alguém induzido a isso por questões psíquicas, não sendo um caso como qualquer outro de doença física, como cardiopatia, cirrose ou fibromialgia.

Essa situação de ato suicida mediante a depressão, o mergulho no buraco escuro da consciência, deve ser tomada como indicativo de que o dom da consciência, se não chega a ser uma maldição por si mesmo, não é um privilégio.

Capítulo 3 – Casos de visitas

O número de pessoas a ter avistado óvnis é considerável. Certamente maior que o daquelas que já presenciaram o fenômeno reconhecidamente real do fogo fátuo perto de cemitérios.

Levantamento da revista National Geographic constatou que dos que viram óvnis nos Estados Unidos apenas 1 em cada 10 relatou o ocorrido. Não é difícil entender essa reserva por parte de 90% dos visitados: a maior parte certamente teme ser vista como portadora de desequilíbrio mental se sair por aí discorrendo sobre observação de objetos luminosos e estranhos no céu. No entanto, a revista afirma também que 1 em cada 3 cidadãos norte-americanos adultos acredita na existência dos óvnis.

Outras fontes têm outros cálculos para essa proporção entre avistadores e relatores. O dado apresentado pela National Geographic levou em conta levantamentos feitos em encontros de ufólogos. Solicitados a manifestar-se aqueles que presenciaram a visita de algum óvni, certo número de pessoas na plateia levantava a mão. Sob a pergunta sobre quantos desses relataram a alguém o ocorrido, apenas 10% deles voltavam a levantar a mão, o que levou à conclusão de que apenas 1 em 10 relata o fato.

O pesquisador Cheryl Costa buscou outro caminho, fazendo estimativas sobre o total da população adulta dos Estados Unidos e sobre que proporção relata ter avistado óvnis. Na conta dele, a taxa fica próxima de 1 para 4, não de 1 para 10. Ele concluiu também que 1 em cada 23 adultos (mais de 4%) do país relata ter visto óvnis algum dia.

Avistamento de objetos estranhos no céu passou a ser algo tão corriqueiro que deixou de ser notícia. Apenas quando há algo um pouco mais inusitado o fato torna-se público. Se alguém vem para casa meia noite e, vendo um objeto assim, liga para a imprensa, não causará nenhum abalo. Logo o interlocutor imaginará que o cidadão está vendo a passagem de um foguete da SpaceX, a empresa aeroespacial de Elon Musk. Ou simplesmente achará que a visão desse assustado andarilho da meia noite não representa nada demais.

Roswell. Aconteceu no dia 2 de julho de 1947, em Roswell, condado de Lincoln, Estado do Novo México, Estados Unidos, a queda de um objeto que pareceu ser uma nave espacial. Jornais locais chegaram a anunciar que um disco voador havia sido capturado no incidente.

Diante das muitas histórias surgidas sobre o fato, o Exército dos Estados Unidos explicou que se tratava da queda de um balão meteorológico. Pesquisadores pouco afeitos à ideia de visitas de extraterrestres esclareceram tempos depois que o objeto que caiu em Roswell era o balão do voo número 4 do *Projeto Mogul*, que à época.era um empreendimento secreto da Força Aérea.

O Caso Roswell vinha caindo no esquecimento, até que em 1978 alguns ufólogos resgataram declarações em favor da interpretação de que o incidente estava relacionado à presença de óvnis, e retomaram campanha nesse sentido. Muitas teorias de conspiração surgiram nessa fase, levando as Forças Armadas, mais uma vez, a afirmar que não houve nada de sobrenatural nem de extraterrestre em Roswell.

O incidente de Roswell foi o primeiro acontecimento importante no século XX a ser interpretado como visita de disco voador, e por isso ele é considerado um marco nos estudos dos ufólogos.

Como ocorreu apenas dois anos depois do fim da II Grande Guerra, entre as várias teorias de conspiração que suscitou está uma que garante ser essa nave tombada ali uma construção orientada por cientistas que os Estados Unidos secretamente trouxeram da Alemanha nazista, para que continuassem no país as pesquisas aeroespaciais que vinham desenvolvendo ao longo do governo Hitler. Uma das características dessas naves seria a de voar com propulsão a jato, mas pousar e decolar como se fossem helicópteros, sem necessidade de pista.

As teorias de conspiração mostram sua inconsistência em vários de seus aspectos, mas um dos mais evidentes é o de entrar em choque com as possibilidades reais de tempo e espaço. Até o início de 1933, quando Hitler tomou posse como chefe de governo, muito progresso técnico vinha tomando pulso na Alemanha. Um dos exemplos é o primeiro computador binário, que foi projetado pelo engenheiro Konrad Zuse a partir de 1934, construído depois sem apoio do governo, mas que vinha sendo concebido antes do nazismo. O desenho do automóvel Volkswagen (fusca), criado em

1932 por Ferdinand Porsche, passou pelo mesmo processo, embora tenha, esse produto particular, recebido apoio oficial.

O nazismo, uma doutrina política inspirada no trabalhismo e no fascismo, chegou ao governo em aliança com os setores mais conservadores da Alemanha, angariando votos com ataques a liberais, judeus e comunistas, identificando os dois primeiros com pretensas redes internacionais que exploravam o país e impediam seu crescimento econômico e os últimos com militantes de uma causa ateia a ser combatida. O conservadorismo exacerbado do governo, junto ao nacionalismo, faziam de Hitler e seus auxiliares guardiões da tradição, seja na arte, seja na ciência. Nenhuma novidade técnica podia prosperar ali. Quem tivesse alguma ideia nova tinha de emigrar já no início, e foram inúmeros os casos, como todos sabemos.

Assim, a nave que caiu em Roswell não foi obra de técnicos capturados na Alemanha nazista.

Os ufólogos mais crédulos fazem circular por aí fotografias de indivíduos estirados em mesas de autópsia em Roswell, e afirmam que são extraterrestres mortos na queda do óvni em 1947. Autoridades públicas, porém, contra-argumentam, dizendo que houve um acidente aéreo no local, poucos anos depois, com mortes, e que tais fotos devem ser desse caso.

Se as Forças Armadas dos Estados Unidos sempre garantiram que não há nenhum objeto capturado de queda de óvni em Roswell, não é por má vontade nem por estratégia secreta.

Um objeto contemporâneo que desça à Terra, como é o caso de um meteoro, permanece aqui, se tiver peso suficiente para ser atraído por nossa gravidade e, ao mesmo tempo, não tiver pulsão para atravessar nossa atmosfera e seguir adiante. Um pretenso disco voador extraterrestre que ao aterrissar perca essa pulsão poderia de fato ficar entre nós. Levando-se em conta que os tripulantes são seres dominadores de tecnologia mais avançada, não seria de estranhar que, desde o século XVII, apenas uma vez, em 1947, eles tenham sido vítimas de uma falha. Afinal, obter 100% de segurança em viagens seria o mesmo que obter 100% de rendimento de uma máquina térmica, o que é negado pela Segunda Lei da Termodinâmica. Estas são argumentações poderosas a favor dos crédulos. Os visitantes são contemporâneos nossos, eles perderam pulsão uma vez e, finalmente, essa possibilidade é garantida. Encerra-se aí a conversa favorável ao alienigenismo. Toda ela vale igualmente para o pessoal da teoria da conspiração dos técnicos nazistas capturados.

Se existe, pois, algum resto de nave espacial guardada em Roswell, não é de outro planeta. Se é nave da Terra, construída num tempo futuro, não poderia estar presa lá, pois seria como prender uma sombra, ou um relâmpago. Enfim, se algo é mantido lá, é resto de balão meteorológico ou de aeronave comum.

Noite. De 1947 nós vamos pular para 1986, para ver o caso da famosa "noite dos óvnis", ocorrida nos céus de São José dos Campos, Estado de São Paulo, Brasil, no dia 19 de maio.

As pessoas que presenciaram o fato, ligadas à Força Aérea, foram impedidas de dar declarações até que se passassem 28 anos, quando então fizeram relatos em entrevista ao jornal *O Globo*.

O controlador de voo Sérgio Mota da Silva foi quem primeiro avistou as luzes no céu. O avião mais próximo da torre de controle no momento era um Xingu, pilotado por Alcir Pereira da Silva, que vinha chegando de Brasília trazendo Osires Silva, o então presidente da Embraer, a fábrica de aviões situada na cidade. Ambos foram avisados. Cinco aeronaves da Força Aérea foram mobilizadas para perseguir os objetos luminosos, numa caça que durou quatro horas.

Na entrevista a *O Globo* o controlador afirmou, entre outras coisas, o seguinte: "Eu não sei o que houve aquele dia. A rapidez, o número de pontos, não sei dizer o que foi aquilo. Mas não acredito em alienígena. Quem sabe quando ele chegar e se apresentar com documento de identidade, aí eu acredite". Osires Silva tem posição um pouco mais elástica: "É claro que pode haver vida fora da Terra, mas que nós possamos nos comunicar com eles e eles conosco, isso me parece muito pouco viável".

Ambos professam a crença na prudência do meio termo, embora sejam distintas as visões em relação a alienígenas. As três tomadas de posição sobre a questão são as dos:
- Crédulos,
- Céticos, e
- Refratários.

Esses técnicos de São José dos Campos são céticos, obviamente. Os refratários são os que não acreditam em óvnis, garantindo que tudo não passa de ilusão de óptica, ou de "guerra aérea", quando supostos inimigos emitem luzes no céu para confundir pilotos.

O caso chegou a ter repercussão na época, sendo abafado em seguida pelas autoridades aeronáuticas. O jornal local "Vale Paraibano" publicou reportagem naqueles dias com o título "Objetos misteriosos invadem nossos céus". Embora tenha em seus arquivos o material impresso, os negativos das fotografias feitas naquela noite não estão mais de posse daquele jornal. A redação conta que dias depois da publicação chegou à casa um homem dizendo-se cientista da Nasa, e que tinha a incumbência de recolher os negativos e levar a Houston. O jornal entregou o que lhe foi solicitado e nunca mais teve notícia do tal cientista nem do destino dos negativos.

Seis anos antes, no dia 7 de maio de 1982, caso parecido ocorreu com o piloto Gerson Maciel de Britto, que vinha de Fortaleza para o Rio de Janeiro comandando um Boeing 727 da Vasp (Viação Aérea São Paulo, companhia hoje extinta), no voo 169, conforme reportagem publicada pelo jornal *O Estado de São Paulo*. Por volta das 3h da manhã, enquanto sobrevoava o Estado da Bahia, ele avistou uma luz muito forte, que ora se afastava, ora se aproximava do avião. Avisou os 150 passageiros, que foram para as janelas observar o fenômeno.

Segundo o comandante, um avião da Aerolíneas Argentinas e outro da Transbrasil também viram o óvni. E o radar do aeroporto de Brasília detectou o objeto transitando a 8 quilômetros do avião da Vasp. O objeto tinha cinco pontas, e uma metade de arco. A luz era um azul-claro estranho, como o de lâmpada de mercúrio.

Os refratários da época buscaram explicar o ocorrido, sempre com argumentos que não convenceram o piloto. Uns diziam que a luz era o planeta Vênus, que naquele dia estava muito próximo da Terra. Outros juravam que o que o piloto e os passageiros viram era a Lua.

Pentágono. Em abril de 2020 o Pentágono, órgão máximo de defesa dos Estados Unidos, divulgou vídeos de avistamentos gravados alguns anos antes por pilotos militares. As gravações eram de 2004 e 2015, e desde vazamentos dos mesmos ocorridos em 2017 o Pentágono vinha estudando a conveniência de fazer uma liberação oficial.

Os militares que divulgaram o material não apresentaram

nenhuma tentativa de explicação sobre quem são esses viajantes, de onde eles vêm e qual a natureza de sua operação. O objetivo da divulgação foi acabar com as especulações de que o Pentágono tinha algo a esconder sobre o tema.

A época da liberação, porém, suscitou novas elucubrações por parte dos pretensos adivinhos dos planos das Forças Armadas. Eles espalharam a suspeita de que soltar os vídeos para a grande imprensa justamente em meio à pandemia de 2020 significava que o Pentágono estava preparando o mundo para uma grande revelação: extraterrestres estão visitando a Terra e, talvez, tentando ajudar-nos a vencer a luta contra o vírus.

A hipótese mais provável no caso é muito diferente dessa. O que o Pentágono pode estar buscando, com a divulgação, é exatamente ajuda dos estudiosos dos cinco continentes para entender o que é esse fenômeno. A ajuda dos que já têm certezas petrificadas não tem valor, certamente.

O que os pilotos que estiveram em contato com essas aparições revelaram é condizente com todos os relatos de pessoas que viram óvnis e contaram sobre sua experiência sem fantasiar nada. Os objetos luminosos eram grandes e muito rápidos. Disseram os militares que eles iam e voltavam como se fossem bolas de pingue-pongue quicando, em movimentos que nenhuma nave terrestre dos tempos atuais é capaz de fazer, muito menos se estiver tripulada.

Chichén. A imprensa de Mérida, Yucatan, no México, relata, há tempos, episódios de aparição de discos voadores na pirâmide maia de Chichén Itzá, e também de outros sítios arqueológicos do país, como em Uxmal, Acanceh e, mais próximo da cidade do México, em Teotihuacán.

Dois jovens, Jiram Cetz e David Castilla, disseram ao repórter Jorge Moreno, do *Grupo Sipse*, que não só presenciaram óvnis, próximo à pirâmide de Acanceh, como puderam gravá-los em vídeo, já que eles voltaram a aparecer quando estavam a postos esperando-os. Os vídeos foram postados no YouTube.

Num caso recente de Chichén Itzá (chi = "boca", chen = "poço", Itzá = "bruxos da água", em língua maia, resultando em "boca do poço dos itzás", sendo itzá o povo que residia naquela localidade no século X), uma turista argentina ao tirar uma foto de recordação na frente da pirâmide constatou depois que atrás havia um óvni.

Este é um dos muitos relatos sobre aparição de discos voadores no local. Como é comum o avistamento de óvnis sobrevoando monumentos arqueológicos como esse, os defensores da existência de viajantes extraterrestres imaginam que eles buscam esses pontos porque estão interessados em estudar o passado de nossas civilizações.

Ora, ninguém mais que nós humanos tem maior interesse em saber como viviam os povos maias, o povo rapanui da Ilha de Páscoa, os sumérios, os egípcios antigos, os chineses antigos e os primeiros mestiços de humanos com neandertais. Também queremos saber se existiram realmente figuras como Pitágoras, Sócrates e Jesus, e se tinham mesmo estes nomes. Procuraremos verificar, assim que tivermos condições técnicas de fazer isso, se existiu o continente de Atlântida, e em que localização.

Por isso, sobrevoo de naves feitas por humanos sobre esses sítios faz todo o sentido. Se fossem naves vindas de outros planetas, seu interesse mais justificável recairia, muito provavelmente, sobre populações das cidades de Nova Iorque, Xangai, São Paulo, Londres e Paris. Também procurariam estudar comunidades rurais de diversos países, assim como esquimós e tribos de aborígenes africanos, australianos e americanos. As construções de monumentos antigos, como as pirâmides do Egito, o Partenon, as ruínas do Peru e as do México teriam para eles a mesma importância que o Empire State, a Ponte de São Francisco, o Arco do Triunfo, a Torre Eifel, o Palácio de Buckingham, a cidade proibida de Pequim ou o Templo Senso-ji de Tóquio.

Supondo que esses visitantes extraterrestres possam fazer travessia no tempo – se não puderem não são muito mais avançados que os humanos do início do século XXI -, não haveria muito sentido em ficar sobrevoando a pirâmide de Chichén Itzá em nossa época. Mais vantajoso seria ir diretamente à época em que os maias a construíram, o mesmo valendo para as pirâmides erguidas pelos egípcios.

Visitando nossa época, esses alienígenas seriam vistos frequentemente na Quinta Avenida, na Avenida dos Campos Elísios, na Times Square e na Alexanderplatz. Sim, talvez eles não queiram ser incomodados com multidões a observá-los. Mas se eles podem escapar de nossos olhos com velocidade próxima à da luz no momento em que querem, não haveria nenhum motivo para timidez.

Bracknell. O jornal *The Guardian* de 21 de junho de 2013, motivado pela aparição de óvnis em Bracknell, município de Berkshire, Inglaterra, publicou matéria sobre vários casos notórios de avistamentos, verdadeiros ou ilusórios, indo do Incidente de Roswell a esse relato de Berkshire.

Diz a matéria que dois óvnis brilhantes foram vistos por pessoas que estavam bebendo cerveja na área externa de um pub, e um dos fregueses fotografou as naves. O autor do artigo brinca, em seguida, escrevendo: "Tomara que ele tenha olhado depois para o rótulo de sua garrafa, como se faz nos filmes". Obviamente, a testemunha não precisava olhar o rótulo, porque a prova do avistamento estava em sua câmera fotográfica. E a foto estampou essa matéria do The Guardian.

Óvnis em Bracknell, Berkshire, Inglaterra

O repórter Michael Hogan segue contando que os ex-presidentes dos Estados Unidos Jimmy Carter e Ronald Reagan relataram ter visto óvnis, o primeiro em 1973, o segundo, na Califórnia, em 1974. Como Carter havia sofrido zombaria por sua revelação, Reagan, diferentemente do antecessor na Casa Branca, manteve-se calado sobre o assunto por muito tempo.

Entre alguns outros episódios, o artigo fala do caso da "noite dos óvnis", do Estado de São Paulo, já tratada acima. Comenta também sobre a origem da expressão "disco voador" (*flying saucer*), datada de 1947, quando o piloto de monomotor Kenneth Arnold, do Estado de Washington, contou à imprensa ter avistado de sua aeronave, perto de Mount Rainier, nove objetos luminosos, em velocidade supersônica, todos eles tendo forma de pratos.

Westall. Na Austrália, o caso mais comentado é o da escola Westall, no subúrbio de Melbourne, quando, em 1966, alunos e professores testemunharam a presença de um disco voador que pousou sobre um prado e rapidamente alçou voo, indo em direção a outro bairro. Como na época câmeras fotográficas eram muito pouco acessíveis, restou apenas o relato oral das crianças e de seus mestres.

Triângulos. Cerca de 15 mil pessoas do interior da Bélgica contam ter visto, ao longo de cinco meses, entre 1889 e 1990, grandes triângulos negros sobrevoando os campos, em silêncio. As explicações dos refratários incluem uma que atribui às visões delírios coletivos causados por ingestão excessiva de batatas fritas com maionese. Outras, menos jocosas, afirmam que os belgas estavam vendo apenas passagem de helicópteros. Epa! Talvez alguma fábrica desses aparelhos tenha estado testando algum modelo que não emite ruído! Se foi isso, o projeto se mantém em segredo.

Phoenix. Muitos moradores de Phoenix, capital do Arizona, Estados Unidos, asseguram ter visto nos céus, na noite de 13 de março de 1997, um óvni emitindo cinco luzes fortes, dando-lhe uma forma de V, com uma das luzes no vértice da figura. Um pouco mais tarde outro fenômeno foi visto na área de Phoenix e este constava de luzes fixas no céu. Mas para este segundo caso a Força Aérea explicou que as luzes eram bengalas desprendidas de aviões A-10 Thunderbolt II. De qualquer modo, a visão das luzes em forma de V impressionou muito as testemunhas, sendo uma delas o ex-governador do Estado, Fife Symington, que disse acreditar ser aquilo algo vindo "de outro mundo", sem explicitar se sobrenatural ou natural.

Teerã. No dia 19 de setembro de 1976, dois anos e meio antes, portanto, da Revolução Islâmica fundamentalista, dois aviões F4-Phantom II da Força Aérea da Pérsia, atual Irã, sobrevoavam a capital Teerã quando se depararam com um grande objeto luminoso em alta velocidade. Tentaram interceptá-lo, mas perderam a comunicação com a torre e viram também tornar-se inoperante o painel de controle da cabine nas duas aeronaves. Só recuperaram essas funções depois que se distanciaram do óvni.

Este caso também foi incluído na reportagem do jornal The Guardian, que publicou fac-simile do documento da Força Aérea dos Estados Unidos sobre a questão.

A conclusão dos militares norte-americanos foi que os pilotos, pouco experientes, confundiram a luz do planeta Júpiter com um óvni, e que o mal funcionamento simultâneo dos aparelhos contribuiu com a má interpretação do fenômeno.

Longe de aderir à visão fácil das visitas de extraterrestres, a Força Aérea dos Estados Unidos tampouco encontrou alguma explicação que atestasse a presença de um óvni no local. Assim como o médico que, ao fazer o diagnóstico de um paciente portador de uma doença completamente desconhecida no mundo, tende a situar seu examinando no rol de enfermidades já catalogadas, do mesmo modo os militares agem ante relatos de avistamentos estranhos. A atitude é exemplo do uso da virtude da prudência.

Como agora sabemos que as possibilidades da reversão do tempo são muito grandes – experiências em computação quântica já conseguiram a volta ao passado em pequena fração de segundo –, temos essa nova interpretação para a ocorrência dos óvnis: não são fenômenos atmosféricos naturais, não são meteoros nem são visitantes de outros planetas, mas gente da Terra.

Alguns já especularam que haveria uma civilização subterrânea, mais avançada que nós da superfície do globo, e que talvez os óvnis viessem desse povo. A chance de isso ser verdade é apenas um pouco menos irrisória que a dos extraterrestres. Convém não gastar verbas em busca de confirmação da hipótese.

Abduções. O que mais intriga os ufólogos céticos, e ao mesmo tempo entusiasma os crédulos, são os casos em que os protagonistas dos episódios dizem ter sido sequestrados (abduzidos) por extraterrestres, que os levaram para dentro da nave, examinaram-nos, fizeram um périplo por outros mundos, levaram-nos a sentir a presença de seus deuses e, enfim, regressaram ao lugar de início.

Muitos contam lembrar-se apenas da entrada na nave, do início do exame e do regresso ao solo, após um apagão de memória.

A maioria dos que se dizem abduzidos é de gente com certo grau de instrução e que não buscava esse tipo de experiência. Mesmo assim, não só os militares e os refratários em geral veem com reserva os relatos, mas também os pesquisadores céticos – aliás, pesquisador é quase um sinônimo de cético, no fim das contas.

Mesmo entre os que acreditam nas visitas alienígenas esses relatos despertam mais que curiosidade e estupefação, pois grande parte deve sentir inveja. Entre os crédulos que não são invejosos instala-se uma sensação tantalizante. Por que não se revelou mais? Por que não foi dito o nome do planeta, ou da galáxia? Por que não disseram qual é seu objetivo ao visitar a Terra? Por que não deixaram um *souvenir*?

Já os céticos, entre os quais os psicólogos, os físicos, os engenheiros, os biólogos e mesmo os clérigos, relacionam esses depoimentos a artes do inconsciente. Tanto pode ter acontecido o transporte da pessoa como pode ter havido apenas uma experiência puramente mental-emocional. Na Antiguidade há os relatos bíblicos do arrebatamento dos profetas Ezequiel e Elias, em carros de fogo que subiam aos céus conduzidos por anjos.

Da ficção da Grécia Antiga, temos a peça Medeia, de Eurípedes. Medeia era casada com Jasão, o mesmo herói das histórias da busca do velocino de ouro, com os argonautas, mas este a trai, noivando-se de Creúsa, ou Gláucia, filha do rei Creonte, de Corintos. Creonte, o artífice do noivado, temendo a vingança de Medeia, ordena que ela saia do reino imediatamente. Ela, porém, pede, por clemência, que lhe seja concedido mais um dia, antes de acertar suas coisas e ir embora. Concedido o prazo, ela arquiteta seu plano, de fingir ter perdoado a Creúsa e depois presentear-lhe com uma coroa de ouro e uma túnica, esta contaminada por um veneno terrível. Com a morte horrível de Creúsa ao vestir a túnica, Medeia foge num carro de fogo, do deus Hélio, seu protetor.

Nos termos da Psicologia de Carl Jung, pode-se dizer que existe esse arquétipo da fuga para o alto num carro impulsionado por jato de fogo e conduzido por um salvador. E se é assim nada há de estranho em ouvir histórias de pessoas que tiveram essa experiência psíquica, que lhes pareceu absolutamente real.

No entanto, se essas pessoas foram realmente abduzidas, estamos diante de um possível mistério. Pois dificilmente haveria um motivo para que pilotos de naves terrestres sequestrassem pessoas indefesas para examiná-las, soltando-as no mesmo lugar horas depois, com uma sequela de amnésia localizada. Sim e não. Pois pesquisadores poderiam estar em busca de etiologias, ou da reconstituição de características perdidas depois de alguma catástrofe, natural ou artificial.

A situação a seguir é um tanto improvável, mas imaginemos que surja a hipótese, levada a sério na academia, de que o câncer tem como origem algum tipo de prática que nossos ancestrais adotaram em certa época de uns oito milênios atrás. Na posse de uma tecnologia que nos permitisse visitá-los, seria muito útil abduzir alguns deles e, dentro de nossas naves, examinar seu metabolismo. Mas, mesmo tendo esta história alguma pertinência, o mais esperado seria que descobríssemos toda a verdade sem precisar abduzir ninguém. Afinal, dominar a técnica de viajar para frente e para trás no tempo dotará os humanos de um poder incomensurável. A palavra verdade não mais conviverá com a palavra mentira em pé de igualdade, como a onda de rádio e o raio de luz, mas haverá uma delimitação clara de territórios para ambos, tal como temos hoje entre o ar e o vácuo, que não podem compartilhar nunca o mesmo espaço.

Mas tratemos de um caso de décadas recentes, depois de recordar fatos do teatro grego antigo e do Antigo Testamento bíblico. Trata-se da história mais divulgada, porque foi ela que tornou popular as experiências de abdução, e ocorreu com o casal Betty e Barney Hill na madrugada de 19 para 20 de setembro de 1961, numa estrada do Estado de New Hampshire, Estados Unidos. O episódio, que ficou conhecido como "A abdução dos Hill", resultou num livro de sucesso, de John G. Fuller, intitulado "A viagem interrompida" (*The interrupted journey*), de 1966, posteriormente transformado em filme. Barney, funcionário dos correios, era descendente de etíopes, e Betty, assistente social, era uma mulher branca, de modo que alguns críticos alegaram que a aventura que o casal dizia ter vivido poderia ter sido influenciada pelo conflito de apresentar-se como um casal "interracial" num tempo em que ainda se praticava a segregação. Porém, o casal garantia que sempre foi feliz, não lhe importando a opinião dos contrários.

Naquela noite, Barney achou que o objeto que tinha à frente era algum avião, porque tinha notado a presença de pessoas dentro da nave. Mas Betty sustentou que era um óvni, não um aparelho comum. E passou a ler livros sobre discos voadores desde então.

Três anos depois o casal submeteu-se a sessões de psiquiatria com o Dr. Benjamin Simon e foi nessa fase que surgiu o relato da abdução. Segundo Betty, os alienígenas mostraram a ela um mapa sideral tridimensional.

Sob hipnose, Betty foi levada a desenhar o tal mapa. Marjorie Fish, uma professora que atuava como astrônoma amadora, tentou identificar as estrelas desenhadas, tomando por base as maiores. Concluiu que as estrelas grandes eram Zeta Reticuli 1 e 2. Mas grande parte dos astros do mapa ela não conseguiu identificar com nada conhecido. Mais tarde o cientista Carl Sagan analisou o material e concluiu que o mapa não correspondia a uma posição específica do universo conhecido, podendo representar inúmeras localizações a depender do ponto de vista do observador.

Quanto a Barney, o Dr. Simon concluiu que os fatos narrados por ele foram simplesmente influenciados pelos recorrentes sonhos e pesadelos de sua esposa desde o acontecimento na estrada.

De qualquer modo, a história da abdução não convenceu os pesquisadores, principalmente porque há fortes indícios de que narrativas foram construídas ou acrescidas à experiência inicial.

É possível que tenha havido alguma comunicação entre os tripulantes do óvni e o casal, sempre levando em conta que eles são gente como nós, e não seres interplanetários. Essa interação, tanto nesse caso do casal Hill como nos inúmeros outros casos relatados de contatos depois daquele, ocorre, ao que se depreende, de modo telepático.

Assim ocorreu com o agricultor brasileiro Antônio Villas-Boas, de Minas Gerais, que diz ter sido abduzido em 1957, e com o escritor de histórias de terror Louis Wittley Strieber, dos Estados Unidos, que conta ter recebido visitas supostamente alienígenas em diferentes datas entre 1985 e 1998. Com base no encontro de 1985 ele publicou seu primeiro livro de não-ficção, Comunhão

(*Communion*), de 1987, que em 1889 tornou-se filme, sob direção de Philippe Mora. O encontro de 1998 foi com uma figura com aparência humana, a quem Strieber chamou de "O mestre da chave". Sobre essa experiência ele escreveu o livro "A chave" (*The key*), de 2001.

Interação. Os viajantes do tempo quase certamente terão desenvolvido a habilidade da comunicação telepática antes de montar as máquinas, ou os algoritmos, que lhes permitam transitar para o passado e para o futuro. Nós, do início do século XXI, já poderíamos estar práticos na telepatia se não fosse por um fator inibidor, que é o temor de abrir a mente para um interlocutor. Quando conversamos, usando a oralidade ou a escrita, sabemos que estamos no controle de nossa comunicação. Se entramos numa interação puramente cerebral com outra pessoa, mesmo entre marido e mulher, é grande o temor de que nossos pensamentos mais íntimos vazem, deixando-nos sem o domínio de nossa individualidade e de nosso âmago. Este é nosso bloqueio. Quando no futuro tivermos confiança verdadeira estabelecida entre os seres humanos, estes nossos segredos individuais serão coisa sem importância, e estaremos abertos uns aos outros. Num momento nós nos sentimos poderosos como super-homem, e noutro, derrotados e frágeis como uma barata de pernas para o ar diante de um gato. Quando todos puderem compartilhar esses altos e baixos sem pudor, a partir daí estaremos aptos a estabelecer comunicações cerebrais uns com os outros.

As mensagens que os visitantes transmitem ao cérebro dos contactados são quase sempre as mesmas, segundo os pesquisadores do assunto. Nelas eles mostram sua contrariedade por nosso atraso, por insistirmos tanto em práticas e culturas que deveriam ter sido abandonadas há muito. Por exemplo, ainda matamos animais superiores para comer; ainda poluímos o meio ambiente, nossa casa comum; ainda insistimos em atitudes que aumentam o aquecimento do planeta; ainda guerreamos uns com os outros; ainda nos deixamos governar por ditadores vitalícios, aqui e ali; ainda aceitamos que grande contingente de semelhantes vivam sem emprego e, portanto, na miséria; ainda convivemos com vastas populações que não adotam planejamento familiar e, portanto, põem a humanidade em risco por estressar a superpopulação sobre a Terra; ainda convivemos com populações que praticam religiões fanatizantes; e, em resumo, ainda vivemos na Terra praticando o jogo da imprudência, como se os recursos naturais fossem absolutamente elásticos, como se a responsabilidade pelo planeta coubesse apenas a alguns líderes e não a toda a comunidade humana.

Os alertas sobre meio ambiente feitos pelo visitante "O mestre da chave", relatados no livro "A chave", inspiraram o roteiro do filme "O dia depois de amanhã", de 2004, dirigido por Roland Emmerich.

Ante esse tipo de "pressão", os visitados recuperam o domínio de si cientes de que estiveram diante de seres de outros sistemas solares ou de outras galáxias, tamanho o descompasso entre nosso modo de vida neste começo de milênio e aquele que os visitantes demonstram ser o desejável.

Não deveríamos censurar os relatores por fazerem esse tipo de interpretação. A angústia apresentada por esses supostos alienígenas deve ser tomada como motivo de orgulho: somos já receptivos a esse discurso. Se esses mesmos visitantes vão ao século XXX a.C., todas aquelas cobranças parecerão loucuras lá. Eles não têm motivo para admoestar aqueles ancestrais, porque eles não tinham poder de poluir sequer um riacho. Nós, hoje, com nossas máquinas fabulosas, é que representamos perigo. Adquirimos enorme potência, e ainda não sabemos lidar bem com isso.

Capítulo 4 – O enigma dos geoglifos

O Grupo Clarín, de Buenos Aires, lançou em 2010 a coleção de livros chamada "Grandes Mistérios da História", sabendo que este é um assunto que chama a atenção de muita gente. Com um tema para cada volume, podemos crer que a quase totalidade desses mistérios será desvendada quando pudermos fazer viagens através do tempo. Os títulos dos quinze livros são: 1 – A maldição de Tutankâmon, 2 – As linhas de Nazca, 3 – Os moais da Ilha de Páscoa, 4 – As lojas maçônicas, 5 – O Santo Sudário, 6 – A cidade de Machu Picchu, 7 – As pirâmides do Egito, 8 – O ocaso dos maias, 9 – Os cavaleiros templários, 10 – Os manuscritos do Mar Morto, 11 – O complexo de Stonehenge, 12 – O Evangelho de Judas, 13 – A Guerra de Troia, 14 – Os últimos dinossauros, 15 – A lenda do Rei Artur.

Nazca. Desses quinze enigmas, talvez o que mais traga consequências entre os estudiosos dos óvnis são as linhas de Nazca, ou geoglifos de Nazca, que são grandes desenhos deixados no solo pelos indígenas da cultura nazca, desenvolvida perto do litoral do centro-sul do Peru, contemporânea dos maias, e que em 1994 foram declarados patrimônio da humanidade pela Unesco. A descoberta, por parte dos colonizadores espanhóis, deve-se a Pedro Cieza de León, em 1547. Medidas de carbono-14 feitas recentemente apontaram como data aproximada das figuras o ano de 550 d.C.

A ligação maior das linhas de Nazca aos estudos ufológicos vem do fato de que geoglifos ocorrem em vários pontos do planeta. Vão desde traçados em baixo relevo, como sulcos de estradas ou de enormes alicerces, a desenhos feitos sobre lavouras, da noite para o dia.

No caso dos desenhos de Nazca, além das linhas, que os conquistadores no século XVI imaginaram que fossem apenas estradas, são formadas muitas figuras, entre elas labirintos, sinuosidades, vegetais, pessoas e animais.

Uma das figuras de Nazca

Os desenhos de animais são os que mais chamam a atenção. Entre eles estão uma baleia, com 27 metros de diâmetro, duas lhamas, um macaco, uma aranha, um caracol, uma garça, um pelicano, uma gaivota e grandes beija-flores, entre outros. Essas aves têm em torno de 270 metros de comprimento. A maioria das figuras está em planícies e das que estão em declives quase todas são figuras de pessoas. Os desenhos figurativos de Nazca são em número de 150, mas há várias centenas de figuras geométricas como linhas, triângulos e quadriláteros. Os caminhos em linha reta, por exemplo, são cerca de 1.000. A profundidade dos traçados não ultrapassa 30 centímetros.

Para as figuras de homens, muitos ufólogos crédulos apostam que o que temos lá são retratos de astronautas extraterrestres. Uns afirmaram, inclusive em livros, que os desenhos feitos em planície eram pista de pouso de naves alienígenas. Crendo ou não nessas ideias, seus autores as usam principalmente para fazer dinheiro vendendo histórias fantasiosas a leitores ingênuos.

Estudiosos mais comprometidos com pesquisa séria trabalham com a hipótese de que os desenhos foram feitos para ser vistos do céu porque os indígenas nazcas, como muitos outros povos, acreditavam que seus deuses estivessem nos céus, de onde poderiam ver suas obras.

No cinema algumas obras já foram lançadas tendo por pano

de fundo esses enormes desenhos. Com lançamento em 2020 tem-se, por exemplo, a animação "Gigantes de Nazca", de Eduardo Schuldt.

Acre. Do outro lado dos Andes, na Amazônia brasileira, foram encontrados no Estado do Acre, em 1977, outros tipos de geoglifos, estes sem representações de animais ou homens, mas formados apenas por figuras geométricas, como quadriláteros, circunferências, octógonos, elipses e arcos. Algumas tentam reproduzir padrões do desenho da pele de onças, como ainda hoje os indígenas fazem na arte da cerâmica.

Os geoglifos amazônicos, diferentemente dos de Nazca, têm profundidade de até 4 metros e estão situados em áreas de mata. Entre as hipóteses levantadas no início estava a de que se tratava de demarcações para assentamentos de tribos. E, como sempre acontece, surgiram teorias de que eram figuras desenhadas por extraterrestres.

Antropólogas da Universidade de São Paulo (USP, Brasil) e da Universidade de Helsinque (Finlândia) estudaram essas figuras e concluíram que foram construídas em alguma época anterior ao ano 1000 com finalidades religiosas, para comunicação com corpos celestes, espíritos de ancestrais e de animais.

Um dos fatos que corrobora a tese das antropólogas é que os indígenas das aldeias atuais da região evitam usar o local como ponto de caça ou como área de habitação. Isto mostra que há ainda um sentimento de respeito ao sagrado, que é o que deve ter motivado a construção desses geoglifos.

Atacama. O Deserto de Atacama, no Chile, é outra área da América do Sul a contar com geoglifos antigos. Ali, os indígenas costumavam usar a técnica do ajuntamento de pedras e raspagem do solo para construir suas figuras. A primeira a chamar a atenção é o "Gigante de Atacama", ou "Gigante de Tarapacá", também chamado de geoglifo de Cerro Unita. Trata-se da figura de um homem de 120 metros de estatura, constituindo-se na maior figura antropomorfa sul-americana.

Na região de Tarapacá encontra-se também o sítio com os geoglifos de Pintados, o segundo maior sítio de geoglifos do mundo, perdendo apenas para o de Nazca.

Próximos dali estão os geoglifos de Chiza, que são desenhos feitos com pedras distribuídas sobre a areia.

Ainda no Deserto de Atacama e perto da cidade de Maria Elena há um local com 23 sítios arqueológicos contendo mais de 500 geoglifos, os chamados geoglifos de Chug Chug.

Além de figuras geométricas, os geoglifos de Chug Chug incluem figuras de homens, de aves, de animais marinhos,de lagartos e de mamíferos terrestres.

O outro sítio importante de geoglifos do Chile está a sudeste de Arica, e compõe-se de dois conjuntos de desenhos. Cada um representa rebanhos de animais guiados por figuras humanas, tidas como desenhos de xamãs.

Na Venezuela, numa área do Estado de Carabobo, encontra-se o geoglifo conhecido como Roda do Índio. Até hoje não se sabe se a figura representada lá é a de um homem ou de um deus. Calcula-se que foi construída em torno do ano 500 d.C.

No Peru, além do sítio de Nazca, encontram-se o Candelabro de Paracas, figura de 180 metros de diâmetro, feita aproximadamente no ano 500 a.C. e desenhada sobre a areia; os geoglifos de Chen Chen, com figuras de animais; e a Águia de Oyotun, figura com 60 metros de estatura.

Wilmington. Na Inglaterra, entre outras figuras impressionantes e de origem misteriosa, chama a atenção o "Grande Homem de Wilmington", perto de Sussex. Trata-se do desenho de um homem de cerca de 70 metros de estatura, feito de linhas brancas construídas com pedras de giz no meio do gramado. Ele está de braços abertos, segurando em cada mão uma vara. Foi descoberto no começo do século XVIII, mas não se sabe em que época foi desenhado lá, nem qual teria sido sua finalidade.

Esse grande homem é apenas uma entre as várias "figuras de colina", como são chamados esses desenhos ingleses. A maioria, espalhada em várias regiões, é de figuras de cavalos.

O geoglifo de cavalo mais famoso ali é o "Cavalo Branco de Uffington", que é o mais antigo, pelo que se avalia.

O Cavalo Branco de Uffington, Inglaterra

Como se trata de um objeto de grande interesse turístico, nos últimos anos tem havido um trabalho de substituição das pedras, que se vão escurecendo com fuligem e outras formas de poeira, por pedras mais claras, para que as formas da figura não se percam.

O "Cavalo Branco de Westbory", em Wiltshire, 98 quilômetros a oeste de Londres, é o geoglifo de cavalo mais bem desenhado, com corpo preenchido, em vez de formado apenas com linhas, mas não é a figura original, cuja idade desconhece-se. A figura que está lá foi construída por ordem de Lord Abingdon, em 1778, sob pretexto de restaurar a figura que lá se encontrava há séculos. Mas não deixa de ser uma curiosidade magnífica.

Outra figura famosa na Inglaterra é o "Gigante de Cerne Abbas", numa colina perto de Dorset. Tem 55 metros de estatura e carrega um tacape na mão direita. A genitália aparece bem definida no desenho. Imagina-se que represente a figura de um caçador, produzida em torno da época do Renascimento, ou pouco antes.

Marree. Se as linhas de Nazca e os geoglifos amazônicos foram criados na época que corresponde ao início ou ao meio da Alta Idade Média Europeia, muitos outros geoglifos surgiram em dias muito recentes, como foi o caso do "Homem de Marree", no deserto australiano, cerca de 700 quilômetros ao norte da cidade de Adelaide, conforme reportagem da BBC News de junho de

2018.

A figura, desenhada na areia, em sulcos de 35 centímetros de profundidade, representando um homem de 4.200 metros de estatura, foi descoberta por um piloto de helicóptero em 1998.

Naqueles dias em que a BBC contou o caso, o empresário local Dick Smith havia instituído uma recompensa de 5.000 dólares australianos (cerca de 20 mil reais) a quem conseguisse alguma informação confiável sobre a origem do desenho.

No início daquele ano de 1998 alguns aborígenes da tribo arabana, que habita região próxima, mostraram-se indignados com a obra, por terem-na interpretado como alguma ação de profanação do território contra suas divindades. Mas logo entenderam que se tratava de um mistério, e que ninguém em particular poderia ser responsabilizado por aquilo.

Alguns australianos acreditam que o desenho é obra de algum grupos dos Estados Unidos, pois perto dali foi encontrada uma placa com a bandeira do país. Se essa bandeira está lá por ter alguma ligação com o "Homem de Maree", então resta um indício muito forte de que geoglifos não se devem a alienígenas.

A ação do tempo e dos ventos nos primeiros anos do século XX vinha dando mostra de que apagaria a figura, mas moradores da área, utilizando máquinas e contando com o apoio dos arabanas, restauraram o desenho conforme o traçado descoberto em 1998.

Colheitas. Fato que tem intrigado muito os estudiosos é o surgimento, da noite para o dia, de figuras muito bem desenhadas em meio às lavouras, primeiro da Inglaterra, depois e outros países. São os chamados "círculos de colheita" (*crop circles*). O agricultor, ao visitar sua lavoura em dada manhã, descobre lá a obra desses artistas da noite. Não se sabe até hoje se a atitude desses visitantes reflete alguma traquinagem ou se tentam deixar uma mensagem mais profunda.

Um dos primeiros desses desenhos surgiu em 1995, no que foi apelidado de "Sistema solar sem a Terra". Eram círculos concêntricos com circunferências formadas por círculos crescentes.

No ano seguinte, em Alton Barnes, surgiu um desenho de 210 metros de cumprimentos com uma linha de círculos ladeados por uma dupla hélice. Logo os estudiosos apelidaram a figura de "DNA lunar".

O desenho apelidado de "Moinho de vento", ou "Moinho de Winston", foi encontrado em Wiltshire, na forma de um grande círculo que lembra a equação exponencial de Euler para a forma trigonométrica dos números complexos.

Dias depois foi a vez de um "círculo de colheita" aparecer na Itália. Isso ocorreu em Poirino, e a figura foi chamada de "Calendário lunar". Trata-se de uma figura de 12 pontas no centro circundada por seis círculos, dentro de um tipo de hexágono de formas arredondadas, como se fossem seis seios. Estudiosos dizem que a figura, representando seis meses de um calendário lunar, alude à equação $E = mc^2$, de Einstein.

O "Cubo de Metatron", figura muito conhecida da chamada "geometria sagrada", foi encontrado numa colheita da Inglaterra.

Em Summers Lane, também em Wiltshire, surgiu outro desenho com dois círculos concêntricos enfeitados com seis pétalas, chamando a atenção dos estudiosos a utilização do número seis, que é número perfeito.

Em 1999, ainda em Wiltshire, nos campos de Allington, surgiu um círculo ladeado por cinco círculos menores, formando uma figura que aludia a tema nuclear e estava relacionada, segundo estudiosos, à iminente abertura de grande central nuclear do Irã.

Em 2001 foi encontrado o desenho de um astrolábio, com suas três elipses, a primeira dentro da segunda e a segunda dentro da terceira. Trata-se de um instrumento de navegação inventado no século II d.C. e muito usado na navegação, por permitir a localização dos astros celestes. O mais antigo que se conhece é do século X e pertence ao Museu Nacional do Kuwait.

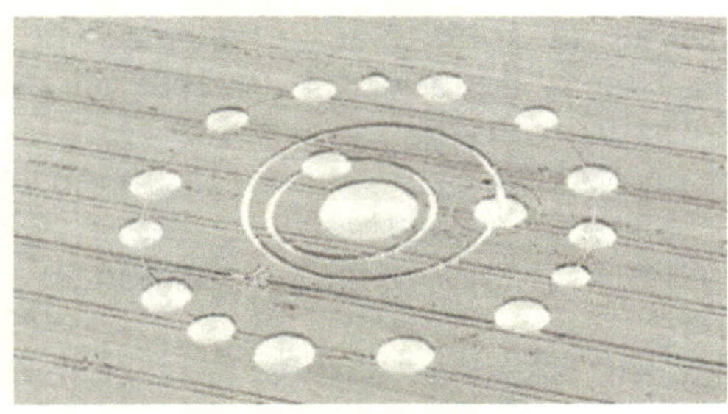

Um dos círculos de colheita em Wiltshire

Esses "círculos de colheita", feitos em algumas horas dentro da madrugada, têm tudo de obra elaborada em computador para impressora 3D, que não existia na época daquelas primeiras manifestações, mas traçada em baixo-relevo na lavoura, em vez de construída com material concreto.

Se são recados de visitantes do futuro, conforme postulado por este livro, eles nos dizem que o desenho geométrico voltará a ser valorizado, e que através dele podemos estabelecer comunicação com pessoas de várias épocas da história da civilização. Certamente esses recados encerram outras mensagens, que ainda estão por ser desvendadas.

Capítulo 5 – O mistério de Atlântida

A revista BBC History pediu, meses atrás, a 20 estudiosos de História que buscassem eleger o maior dos mistérios da humanidade. A revista compartilhou com seus leitores alguns dos enigmas mais intrigantes, segundo aqueles historiadores: 1 – Onde está a tumba de Cleópatra (século I a.C.)? 2 – Que segredos guardam as tumbas Kofun (Japão, século VII)? 3 – Que aconteceu ao rei Abu Bakr do Máli e sua frota (século XIV)? 4 – Por que a Expedição Franklin fracassou (1845)?

Diálogos. Alguns dos enigmas listados na revista coincidem com outros da coleção do Grupo Clarín, que abriu o capítulo anterior, sendo o caso da Guerra de Troia e do Complexo de Stonehenge. Mas é intrigante que não tenha sido objeto de preocupação nesses dois levantamentos o Mistério de Atlântida. Talvez tenham tentado escapar de uma armadilha, dado que as referência não são documentos históricos, mas apenas menções em dois livros filosóficos de Platão, que são os diálogos Timeu e Crítias. Sem documentação consagrada pela academia, o livro do Clarín seria preenchido em grande parte por especulação sem alicerces, faltando também elementos confiáveis para a BBC. E não é por falta de estudos feitos, pois estima-se que mais de dois mil tratados já foram publicados sobre o assunto, sem, obviamente, nenhuma conclusão definitiva.

O historiador A. Díaz Tejera, em artigo para o Anuário de Estudos Atlânticos ("O relato platônico de Atlântida"), procurou mostrar o motivo de tanta expectativa sobre o tema. Crântor, o primeiro comentarista de Platão, diz ele, afirma que Proclos, importante aluno do fundador da Academia, disse que a narração era "uma teoria do cosmos", feita com imagens, o que indicava que ele a reconhecia como um fato verídico. E quando Aristóteles comparou a narrativa de Atlântida à de Troia, que, segundo Homero, depois de construída foi destruída pelos deuses, foi contraditado por Possidônio, que lembrou que o caso de Atlântida surgiu de informação que Sólon colheu entre sacerdotes egípcios, tendo, portanto, ares de historicidade.

Sacerdotes. Quando Sólon, em conversa com o grupo de sacerdotes da cidade egípcia de Saítica, conta sobre a antiguidade de Atenas, com suas glórias e seus mitos, o mais velho dos sacerdotes diz: "Sóilon, Sólon, vós gregos são sempre crianças (*paides*), um grego nunca é velho (*geron*)". Sólon se surpreende e o ancião então explica que pelos muitos cataclismos sofridos os gregos não conservam sua história por escrito. Depois de cada desastre, começam a história novamente. Os egípcios, ao contrário, pela regularidade do Nilo e pelo zelo para com os escritos, desfrutam de uma história sem interrupção. Os gregos não sabem, portanto, quão nobres e fortes foram seus ancestrais. "Sim, Sólon, houve um tempo,antes da maior das destruições causadas pelas águas, no qual a cidade que hoje é Atenas era a melhor na guerra e, de maneira especial, a mais civilizada em todos os aspectos". O sacerdote conta em seguida que sua cidade tem oito mil anos, e Atenas é mil anos mais velha. Explicando que as duas cidades tinham regras parecidas, diz: "Encontrarás aqui, ainda hoje, numerosas semelhanças com as que vós tínheis: a classe sacerdotal separada e isolada de todas as demais; as várias classes de artesãos, de modo que cada uma delas desempenha um ofício particular; quanto aos guardiões, tendes observado que se encontram à margem das demais classes; e, no tocante aos valores espirituais, tendes visto quanto cuidado e preocupação temos com a lei aqui desde o princípio".

Logo o sacerdote fala das façanhas antigas dos gregos. E continua: "Porém, há uma que se sobressai: nossos escritos contam de que maneira vossa cidade aniquilou, faz já muito tempo, um poder que avançava em insolência, e que invadia na época toda a Europa e a Ásia (Turquia), e que atacava de fora, desde o Oceano Atlântico". O ancião fala sobre a dimensão e a situação dessa potência: "É uma ilha maior que a Líbia e a Ásia unidas, localizada diante de um estreito que os gregos chamam Coluna de Hércules (Estreito de Gilbraltar); a partir dessa ilha podia-se passar a outras ilhas e alcançar, inclusive, o continente na margem oposta; esse império, dono de uma grande ilha e de muitas outras, era dono também.de grande parte do continente: da Líbia se estendia até o Egito e da Europa, até a Tirrênia (Etrúria, Itália)".

Localização. O diálogo Timeu trata, como vimos, do poderio desse país que existiu milênios antes do tempo de Sólon e da derrota que esse povo sofreu ante os gregos, tendo depois sido, por cauda da soberba e da ambição, castigada pelos deuses, que fizeram um grande maremoto engolir suas ilhas. A importância que Platão dá ao assunto é retratada no fato de que outro diálogo o retoma. Platão, infenso a histórias de ficção com ares verossímeis – quando usa ficção, como no caso do Mito da Caverna, faz questão de esclarecer que se trata, sim, de alegoria -, como faz questão de frisar na obra "A República", utiliza o diálogo Crítias para tratar da geografia, das riquezas e do modo de vida de Atlântida.

As ilhas de Atlântida, um presente do deus Possêidon aos humanos, conforme disse a Sólon o sacerdote ancião, eram compostas de duas áreas de terra e três de água, dispostas de modo concêntrico, com todas as suas partes, em cada área, situando-se a igual distância do centro.

Dotada de exuberante riqueza em flora e fauna, com grande contingente de elefantes, além de numerosos tipos de metais preciosos e outros minerais, o metal mais apreciado depois do ouro era o oricalco, desconhecido dos outros povos. Os bois, para serem abatidos, eram primeiro soltos na mata, e tinham de ser caçados por homens que só podiam usar como armas bastões de madeira e laços.

O estudo de Díaz Tejera, depois de percorrer as várias hipóteses sobre o que poderia ser a localização desse arquipélago desaparecido, encerra-se com a conclusão de que a figura de Atlântida é uma alegoria, uma ficção literária, criada por Platão para fazer comparação com a Atenas antiga, ou Proto-Atenas. Disserta sobre a hipótese mais recente e mais aceita nos dias atuais,
que é a de ter sido Atlântida, como é sabido, a conformação original da Ilha de Creta, quase totalmente devastada por um grande terremoto seguido de maremotos (há historiadores que especulam sobre a possibilidade de tais maremotos terem provocado o refluxo do Mar Vermelho no momento em que Moisés liderava os judeus para fazer a travessia, permitindo-lhes a passagem), após uma violenta erupção do Vulcão Santorini. No entanto, dá o cheque-mate, afirmando que Creta está dentro do

Mar Mediterrâneo, não ao oeste do Estreito de Gibraltar.

Quem defende a localização de Atlântida em Creta conta, obviamente, com a possibilidade de ter havido algum erro quanto a esse aspecto, seja por parte do sacerdote, seja por parte de Sólon ou mesmo de Platão.

Antes de falar de Creta, o autor do artigo trata de outra hipótese que esteve muito em voga em épocas passadas, que é a de os tartéssios serem os atlantes, ou seus remanescentes, conforme teoria de A. Schulten. Tartessos era o nome da região a sudoeste da atual Espanha, abrangendo, inclusive, a área portuguesa do Algarves.

É uma região ocidental dentro da Europa, mas os estudiosos deixaram de lado a possibilidade de haver relação com Atlântida porque Tartessos não é ilha.

Existência. Ora, como os atlantes, pelo relato do sacerdote, dominaram o ocidente europeu, até o centro da Itália, diante da derrota frente aos gregos não seria de estranhar que perdessem território nos pontos mais próximos de Atenas, mas preservassem comunidades suas exatamente no extremo-oeste do continente. Aliás, se Atlântida existiu e dominou grande parte da Europa, o cataclismo que eliminou o arquipélago não deve ter atingido o continente a ponto de exterminar os atlantes que ali se encontravam. Se Atlântida existiu, os antigos habitantes do sul da Península Ibérica são atlantes.

Ao contrário dos matemáticos, que não abandonam uma hipótese plausível até que se prove sua impossibilidade, como ocorreu com as pesquisas de mais de dois milênios sobre a quadratura do círculo, cientistas de outros campos, em muitos casos, desistem de suas investidas ou por não encontrarem evidências ou por se contentarem com pseudoprovas.

Além disso, muitos pesquisadores fogem de certos temas só pelo fato de estes terem caído nas graças dos adeptos de ideias malucas. Eles podem ter razão, mas isso é quando a "maluquice" não tem nenhuma base consistente.

Vasculhar o Oceano Atlântico e concluir que ali, perto da Europa, não poderia ter havido um arquipélago capaz de abrigar uma nação poderosa é atitude tímida.

Que tamanho tinha o Arquipélago dos Açores no ano 8.000 a.C.? Ninguém sabe hoje em dia. Mas é certo que a chance de ter área maior do que a de hoje é maior que a de ter área menor. Em todos as partes do mundo existem ilhas oceânicas que vêm diminuindo de tamanho, ou vêm sendo divididas ao meio, pelo movimento das águas. Existem ilhas que, segundo algumas estimativas, estão na iminência de desaparecer.

Tudo isso vem ocorrendo por causa do fenômeno do aquecimento global antropogênico, como é sabido por mais de 98% dos cientistas. Entende-se que em meados do século XX é que a humanidade começou a se dar conta do fato, e isso é verdade. No entanto, embora ninguém soubesse antes, por uma hipótese lançada no início de 2020, esse aquecimento não se iniciou na Revolução Industrial, e, sim, muito antes. Ele teve seus primeiros efeitos no início da Alta Idade do Bronze (3500 a.C.).

Durante uns 3.000 anos vários grupos asiáticos migraram para a América através do Estreito de Behring. O Alaska e o leste da Rússia eram unidos quase completamente, através de terra e gelo. Desde 4000 a.C., ou 3500 a.C., essa migração ficou impossibilitada, pois as placas de gelo que uniam ilhas do norte do Pacífico foram derretidas. Nós, lá do Egito, da Mesopotâmia e outros países avançados da época, acendíamos nossas fundições e, pela convecção na atmosfera, sem que soubéssemos, iniciamos o degelo em áreas que estavam intactas desde a última glaciação, há 20.000 anos.

Além das catástrofes naturais, temos, portanto, desde cerca de 6.000 anos atrás, a ação humana interferindo na Terra como um todo.

Os Açores podem ser, sim, um pequeno pedaço do que foi a grande Atlântida.

Pesa contra essa possibilidade o conjunto das pesquisas infrutíferas levada a cabo até o início do século XXI com vistas a provar a existência daquele país. Mas pesa a favor também uma gama de indícios, que não devem ser descartados por cansaço ou desprezo.

Primeiro, temos a respeitabilidade de Platão e seu compromisso com a verdade.

Segundo, temos um ponto muito forte, que é o fato de ser a história trazida a Sólon por um sacerdote egípcio, que, apropriadamente, orgulha-se de pertencer a um segmento da sociedade responsável por guardar a tradição histórica. Platão, que viveu muito antes de Eratóstenes, o primeiro bibliotecário de Alexandria, sabia, quando fundou a Academia, que o repositório do saber histórico naquele tempo eram os templos, sob os cuidados dos sacerdotes.

Coptas. Mas Platão não podia sonhar com um episódio que veio a confirmar de modo magistral aquela sua constatação. Trata-se da decifração da Pedra da Rosetta.

Jean-François Champollion decidiu, aos 11 anos de idade, em 1801, depois de visitar uma exposição e tomar conhecimento do problema, que ele dedicaria sua vida ao trabalho de decifrar o que estiava escrito naquela pedra. Foram muitos anos de idas e vindas e de trabalho inglório, inclusive tendo de enfrentar espertalhões que publicavam falsas teorias de decifração.

Um dia, depois de muito debater e muito estudar, veio o caminho da solução: consultar os sacerdotes católicos coptas no Egito. Se havia alguém no mundo com alguma ponta de conhecimento sobre os hieroglifos eram aqueles sacerdotes, que usavam uma escrita muito antiga em seus rituais. Campollion então foi morar no Egito, tornando-se frequentador de igrejas coptas. Descobriu lá, com os sacerdotes, a chave, na realidade as chaves, da leitura dos hieroglifos.

Sabemos que há línguas em que a leitura é da esquerda para a direita, como é o caso de todos os idiomas em caracteres latinos, gregos ou cirílicos. Sabemos que há línguas que são lidas do fim da linha para o começo. E ainda outras que se leem na vertical. Todos esses caminhos eram tentados na leitura dos hieroglifos, e nenhum resultado era obtido.

O que Champollion descobriu com os coptas foi que as figurinhas, de leão ou de águia, no início ou no fim das linhas, indicavam o sentido da leitura, conforme o bico da águia, ou o focinho do leão, estivesse para a direita ou para a esquerda. Daí foi só voltar para a França e divulgar a leitura da pedra, que, a partir dali, ficou fácil.

A lição resultante dessa trajetória é que se alguém quer pesquisar fatos posteriores à Academia de Atenas, deve procurar as bibliotecas universitárias, enquanto explora, se for o caso, os sítios arqueológicos. Mas se precisar pesquisar assuntos anteriores, deve seguir o caminho de Campollion e procurar os sacerdotes das religiões antigas, principalmente quando se trata de escritas antigas. Assim como o pesquisador francês achou o que procurava com os sacerdotes coptas, um pesquisador da história de Atlântida pode encontrar em algum templo antigo dos tempos pagãos do Egito uma referência àquele país. A chance é pequena, mas não nula.

Gelo. O *terceiro* indício é a existência dos nuragues, as fortalezas da Ilha da Sardenha, na Itália, construídas no século XII a.C. O historiador italiano Sergio Frau afirma que essas torres foram erguidas com tecnologia muito avançada para seu tempo, tendo sido, portanto, obra de uma civilização avançada, o que o faz deduzir que foram os atlantes. Ele busca mais evidências que mostrem que Atlântida era ali, mas, novamente, entra em conflito com a localização além-Gibraltar.

O *quarto* indício forte é a contestação de Possidônio frente a Aristóteles, citada acima, lembrando que a história de Atlântida veio de um testemunho de Sólon, não de uma história romanceada, como a Ilíada de Homero ao contar a história de Troia.

O *quinto* grande indício é a existência em si do Arquipélago dos Açores. Jamais sonhado na época de Platão, foi descoberto em 1427, na Era dos Descobrimentos, e teve sua colonização iniciada a mando do Infante Dom Henrique no ano de 1439.

A ilha da Madeira é muito mais próxima de Gibraltar que os Açores, mas os portugueses chegaram a ela também no século XV, em 1419. Situada ao sul do Mar Mediterrâneo, a Ilha da Madeira tem pouca chance de ter sido parte de Atlântida. Os Açores é que podem ter sido parte de grande extensão de terra que se unia ao gelo do norte nas direções da Islândia e da Groenlândia. E havia, como parte do arquipélago, ilhas muito próximas do continente, engolidas pelas águas em alguma época distante.

O *sexto* indício é um sítio arqueológico localizado no Parque Nacional de Doñana, ao norte da cidade de Cádiz, Espanha. Os investigadores constataram que o tipo de concreto usado nas construções, hoje submersas por um lago, não era o concreto dos outros povos europeus antigos. A mistura nesses materiais de mica, potássio e outros minérios provou-se artificial, não obra da natureza. Isso aponta para a aposta de que havia ali uma civilização avançada. Muitos acreditam ter localizado a cidade perdida de Atlântida. No entanto, novamente, temos de lembrar que ali habitavam os tartéssios, que, se eram atlantes, devem ter construído seus povoados lá, não como capital, mas como algum posto avançado.

O *sétimo* indício é também arqueológico, como o dos nuragues e o de Doñana. O sociólogo italiano Roberto Pinotti, autor do livro Atlântida, afirma que foram encontradas pirâmides antigas nos Açores. Ora, quando os portugueses lá aportaram, era terra desabitada. Se alguém construiu pirâmide lá, era uma gente que desapareceu. Mas, segundo Pinotti, nessas pesquisas a arqueologia só pode contar com objetos de pedra, porque artefatos de ferro ou outras substâncias foram destruídos naturalmente pela ação do tempo. Além disso, como era uma civilização marítima, dificilmente terá deixado obra visível em terra para a posteridade.

Aquelas ligações de gelo antes da Idade do Bronze, como citadas acima, podem ser confirmadas de algum modo pela fauna e pela flora das Américas. O continente americano não tem nada parecido com coalas, cangurus e ornitorrincos. As árvores tampouco se parecem com as da Ilha de Socotra, que dão a impressão de coisa de outro planeta. A especiação nas Américas é muito recente, comparada à australiana. Os símios e os felinos são muito parecidos com os do Velho Mundo. Não há elefantes, porque eles não conseguiram passar pelo gelo por uma longa viagem. Mas lobos, gatos, jumentos e cabras, muito mais leves, atravessaram o estreito e transformaram-se em guarás, pumas, onças, lhamas e vicunhas. Até mesmo os bois lograram passagem, tornando-se bisões e búfalos.

Se há um ponto pouco consistente na história contada pelo sacerdote a Sólon é sobre a idade de Atenas e de sua contemporânea Atlântida, datada em 9.000 anos a.C. Isso porque as primeiras cidades no mundo datam de 5.000 a.C., localizadas na Índia, logo depois do início da agricultura. Antes disso, é pouco crível que algum povo tivesse algum processo de escrita. Assim, se os sacerdotes guardaram aquela história em seus registros, ela certamente não teria mais que 5.000 anos.

Os pesquisadores que buscam ligar o desaparecimento de Atlântida a catástrofes naturais, como vulcões, quedas de meteoro, terremotos e maremotos, ocorridos entre os séculos XX a.C e XII a.C, estão, portanto, no caminho certo.

Os atlantes podem ter tido o auge de sua civilização 20 ou 25 séculos antes de Sólon, até serem derrotados por Atenas e submergirem, mas é muito pouco provável que o episódio seja tão antigo, ou seja anterior a isso.

E por que tanta preocupação com os atlantes neste livro? Ora, quando pudermos viajar no tempo, um dos primeiros mistérios que deveremos desvendar é o desse povo, se até lá jão tiver havido alguma solução.

Assim, os habitantes dos Açores não devem ficar assustados com visitas de óvnis. Conta-se de uma no Aeroporto de Santa Maria, em julho de 1965, com direto a fotografia e testemunhas. Outra foi no dia 31 de janeiro de 1968, às 23 horas, na Ilha Terceira, quando Serafim Vieira Sebastião, guarda das instalações militares do local, chegou para seu trabalho noturno. Ligou o rádio para ouvir a transmissão da partida Setúbal X Sporting e subitamente o som desapareceu. Com um forte zumbido lá fora, ele saiu para verificar o que ocorria, e deu com a visão do óvni, uma nave emitindo luz muito intensa e cada vez mais forte. Voltou para seu posto e tentou ligar para a base, mas não conseguiu. Então pegou a lanterna e saiu para checar a nave. Viu que ela pairava pouco acima do paiol de munições. Dentro dela ele viu quatro indivíduos, dois deles no comando. Quando se aproximou, subiu do chão uma nuvem de poeira que o fez desmaiar. Encontrado por um colega, foi levado a um hospital. Outros moradores da ilha relataram ter visto o objeto luminoso (reportagem da RTP; digite: **tiny.cc/rjn8qz**).

Sebastião tinha entrado numa espécie de coma. Depois de recuperado, soube que as autoridades explicaram o caso como o desvio de um balão meteorológico, que deve ter-se dirigido àquela região. O guarda, porém, garantiu que o objeto que ele viu não se parecia com nada que anda pelos ares, seja avião, seja helicóptero, seja balão.

A não ocorrência de óvnis nos Açores jogaria por terra a ideia defendida neste livro, que é a de pesquisadores da própria Terra pesquisando o passado da humanidade. Não sabemos ainda se de fato Atlântida será identificada naquela área. Mas não será por falta de empenho.

Capítulo 6 – Buracos de minhoca

Muitas descobertas que Albert Einstein fez no papel, isto é, na teoria, foram comprovadas na prática posteriormente. Outra grande variedade de concepções dele está ainda por ser agarrada na ponta dos dedos, mas os cientistas mantêm-se dia e noite nesse árduo trabalho de tirar do mundo das ideias, das equações e fórmulas, os resultados daqueles estudos para trazê-los à realidade concreta e palpável.

Pontes. Entre muitos dos objetos mais procurados estão as "pontes de Einstein-Rosen', que são conexões, ainda teóricas, capazes de juntar pontas astronomicamente distantes através de dobras no espaço-tempo. O resultado, publicado em artigo de Einstein em parceria com seu colaborador Nathan Rosen, em julho de 1935, com base na Teoria da Relatividade Geral, que envolve a gravitação, e a Equação de Maxwell, garante que não apenas distâncias no espaço sideral podem ser aproximadas, por aquelas pontes, mas também períodos no tempo, que podem ser igualmente encurtados.

Essas pontes (*Einstein-Rosen bridges*) foram chamadas depois de "buracos de minhoca" (*wormholes*), por outros pesquisadores, que continuaram a estudar o fenômeno. Assim como os vírus, cuja existência era reconhecida, mas não era visualizada, até que surgiu o microscópio eletrônico, em 1915, permitindo a Frederick Tword detectá-los, também os buracos de minhoca estão por aí, sem que tenhamos tido até o fim das duas primeiras décadas do século XXI algum lampejo de intuição de como vê-los.

Com as pesquisas que se seguiram ao artigo de 1935, alguns fatos importantes foram descobertos. John A. Wheeler e Robert W. Fuller demonstraram em 1962 que aquelas pontes são instáveis. Mas em 1988 Kip Thorne e Mike Morris publicaram artigo garantindo que os buracos de minhoca podem ser tornados estáveis se contiverem formas de energia negativa, ou de matéria negativa. O físico Kip Thorne foi colaborador de Carl Sagan em trabalhos de divulgação científica e assessorou Christopher Nolan na elaboração da história do filme "Interestelar", de 2014.

Travessia. Se for possível torná-la estável e transitável, depois de ser capturada fisicamente, e não apenas algebricamente, então será possível viajar para outras galáxias, ou pelo menos enviar naves a elas, e também enviar óvnis para o passado ou para o futuro, conforme a vontade do freguês, sabendo que o passado não pode ser modificado, mas apenas vasculhado.

No entanto, temos de considerar três possibilidades: a viagem será através de buracos de minhoca, a viagem será por outro meio ainda não imaginado e, por fim, a viagem não será possível nunca.

Ora, alguns fatos sobre óvnis podem representar evidência de visitantes do futuro: (a) são hominídeos (não seriam se fossem alienígenas), (b) não matam ninguém (respeitando o paradoxo do avô), (c) não formam nem desmancham casais, (d) não deixam objetos estranhos, (e) não deixam artefatos avançados, (f) tentam apenas deixar alertas pela saúde do planeta, (g) são vistos frequentemente em sítios que representam enigmas a ser desvendados.

Por buracos de minhoca ou não, a chance de nunca ser possível viajar no tempo parece irrisória.

Assim é que Kip Thorne, num livro de divulgação científica intitulado "Buracos negros e tempo curvo: o escandaloso legado de Einstein", resenhado pelo físico espanhol Carlos Sabín, do CSIC (Conselho Superior de Investigação Científica), em artigo de 21 de outubro de 2016 no portal "Investigación y Ciencia" (*Una breve historia de los agujeros de gusano* – agujeros de gusano: buracos de minhoca), especulando sobre a possibilidade dessas viagens imagina que tem um buraco de minhoca saindo do quintal de sua própria casa, além de ter, ele mesmo, construído uma máquina do tempo, que é uma nave espacial que viaja a velocidades próximas à da luz.

Sua esposa Carolee, continua imaginando Kip, decide pegar a nave e embarcar para uma estrela próxima, mas decide levar a ponta do buraco de minhoca que está no jardim. Ele espera a volta dela durante dez anos, enquanto ela, ao voltar, confere no relógio que carrega que ficou fora da Terra por apenas um ano. Ela está praticamente com a mesma aparência, mas ele envelheceu uma década. É o famoso paradoxo dos gêmeos, segundo o qual, estando um gêmeo na Terra e outro viajando pelo espaço, eles sofrem processos distintos de envelhecimento, já que o tempo é relativo, não mais absoluto, como se pensava antes do artigo "Teoria da Relatividade, de Jules-Henri Poincaré, publicado em 1897.

Como Carolee ao partir levou uma das pontas do buraco de minhoca, e dentro dele o tempo é o mesmo, em qualquer das duas pontas, vendo a ponte de novo no jardim Kip entra por ele para fazer uma viagem ao passado. Quando retorna ao lar, sabendo que a ponta do buraco de minhoca tinha ficado um ano em viagem com Carolee, ele vê que ficou nove anos viajando pelo passado.

Carlos Sabín, no mesmo artigo, fala da visão de Stephen Hawking sobre as expectativas de viagens ao passado por buracos de minhoca. Diz que Hawking escreveu na década de 1990 um artigo defendendo, como uma brincadeira, a criação de uma "agência de proteção da cronologia", para impedir as pessoas de viajarem ao passado, já que isso violaria o paradoxo do avô. Para fazer valer a regra, mecanismos quânticos teriam de ser usados para destruir o buraco de minhoca toda vez que alguém entrasse nele para ir ao passado. Mas não há ainda, lembra Sabín, uma teoria que unifique a gravitação e a Mecânica Quântica. Muitos estudos vêm sendo feitos desde então sobre essas ideias de Hawking, diz ele.

Simulado. Sabín termina o texto falando de artigo publicado por ele, em inglês, contendo a formulação da simulação de um buraco de minhoca, com o uso de tecnologia atual. Trata-se de um aparelho em que as ondas, ou micro-ondas, movem-se exatamente como se estivessem num espaço-tempo no qual existisse um buraco de minhoca de 0,1 milímetro. O mecanismo poderia agregar um mecanismo análogo ao proposto por Hawking para impedir as viagens, mas isso dependeria de uma experimentação para se ter uma conclusão final.

Carlos Sabín é autor do livro "Verdades e mentiras da Física Quântica" e é profundo conhecedor do assunto. Quanto à Teoria da Relatividade, questionado sobre a visão da academia de conceder a paternidade do tema a Einstein, e não a Poincaré, ele diz concordar com a decisão, uma vez que Einstein foi quem deu a versão definitiva da teoria ao concluir pela inexistência do éter.

Capítulo 7 – Sentido da história

Quando lançamos um dado, a face voltada para cima conterá um número de pontos que pode ir de 1 até 6. O momento em que a percepção dessa face de cima é configurada, mostrando, por exemplo, o número 5, representa o presente. Ele não pode ser alterado, assim como o passado também não. Se José, que está fazendo lançamentos do dado, desconfia que sua mão tende a privilegiar a ocorrência de faces 5, em detrimento de outras, ele pode convidar a criança Juliana, de sete anos, a fazer o próximo lançamento.

Em geral, se acontece viés no resultado, o problema é o dado, que está viciado, não a mão do lançador. Mas supondo que José tenha razão em sua suspeita, o lançamento da menina Juliana estará isento, e pode resultar em face 2, por exemplo. A decisão de José, de passar o lançamento para a criança, alterou o futuro.

Futuros. Se é assim, pode-se argumentar, o fato de alguns visitados por óvnis terem desmaiado, como ocorreu com Sebastião nos Açores, deixa claro que existe uma interferência, o desmaio, o que significa que a nave não tem como ter partido do futuro. Não há problema.

A maioria das atitudes que tomamos, ou das ocorrências fortuitas e banais que nos atingem, não traz nenhuma consequência notável para o futuro da espécie. Suponhamos que nosso amigo José, aquele mesmo do dado, esteja transportando um produto até um órgão do governo em seu carro e esse produto deve chegar à repartição até as 11 horas da manhã. Em certo momento na estrada José percebeu que havia algo no pneu traseiro direito, que provocava um ruído insistente. José parou por 4 segundos e foi verificar, constatando que era um pedaço de plástico que se grudou lá. Ele arrancou o plástico e seguiu viagem, conseguindo chegar antes das 11 horas, conforme havia sido determinado.

Aqueles segundos parados são um fato, sim, mas não com relevância suficiente para alterar a história humana.

Uma jovem que avistou um óvni, e que mais à frente terá dois filhos, se naquele episódio desmaiou, ficando desacordada por 3 horas, muito dificilmente esse acontecimento trará alguma interferência na trajetória dela. Os dois filhos que ela terá continuarão no horizonte de suas possibilidades. Se ela decidir fazer uma cirurgia de esterilização, ou entregar-se a métodos seguros para não engravidar, então a decisão de alterar o futuro terá sido dela, não dos visitantes da nave.

A preocupação de Hawking, sobre garantir um mecanismo de não interferência no passado, pode ter sido em vão. O máximo de danos provocados até hoje pelos visitantes tem sido esses desmaios, que ocorrem por causa do susto por que passa o visitado. A nuvem de poeira que Sebastião garante ter-se levantado diante dele pode ter sido apenas uma sensação que o acometeu no momento do desmaio. Ou mesmo um subterfúgio, para justificar a fraqueza dele, que, como guarda de um equipamento militar, não deveria desmaiar apenas por ver um objeto luminoso desconhecido. Não devemos censurar o rapaz por isso, mas, pelo contrário, admirar sua inteligência.

História. Suponhamos que uma nave parta do século XXII com o objetivo de impedir a ascensão do nazismo, que provocou uma guerra que levou à morte de muitos milhões de pessoas durante seis anos, incluindo o holocausto de seis milhões de judeus. Não seria difícil impedir essa II Guerra Mundial. Aparecer infiltrado no meio dos militares que debelaram o golpe de Munique, o "putsch" da cervejaria, no dia 9 de novembro de 1923, seria uma possibilidade. Em vez de matar 16 militantes golpistas, seriam 17, contando Adolf Hitler entre eles. Poderia haver entre os remanescentes outro com muito carisma, mas não com a determinação do cabo austríaco.O então Partido dos Trabalhadores Alemães (*Deutsch Arbeiter Partei*) continuaria sua trajetória, mas sem seu líder mais ambicioso. Teria poucas chances eleitorais.

No entanto, sabemos hoje que não há a mínima necessidade de matar alguém se o intuito é impedir que certos desastres aconteçam. No caso de Hitler, bastaria utilizar outros meios para impedir sua ascensão. O mais eficiente e radical teria sido impedir que o Presidente Friedrich Ebert abandonasse Berlim para instalar-se em Weimar em 1919. Que os deputados federais fizessem a Constituição lá, sem transtorno, mas o chefe de Estado poderia ter sido preservado em Berlim, sem precisar fugir das convulsões da velha capital, achando que estaria seguro na nova. Com Ebert em Berlim, não teria havido a hiperinflação da capital sem status histórico. Com isso, o grupo de Hitler não teria tido apoio, e ele não teria crescido politicamente. Sequer teria tido base para uma tentativa de golpe. O banqueiro Hjalmar Schacht, que se tornou heroi nacional ao derrubar a hiperinflação de Weimar, em 1923, e depois emprestaria a Hitler seu prestígio, teria sido deixado em seu banco, porque Ebert não teria passado pelo momento de necessitar de seus préstimos.

Teria valido a pena essa viagem com esse fim? Sim, mas apenas naquele momento, e para os que morreram jovens devido à guerra.

Por mais doloroso que seja para os familiares, algum tempo depois da morte de alguém, dez meses, por exemplo, a situação de desespero se desvanece. O mundo se adapta. Se o morto voltar, como diz um poema de Brecht, não terá mais lugar, porque a sociedade já se arranjou sem ele, por mais imprescindível que ele tenha sido em vida.

Por causa dos seis milhões de mártires judeus, o Estado de Israel foi restabelecido, em 1948. A Liga das Nações, criada depois da I Guerra Mundial para evitar guerras futuras, foi desrespeitada pelo próprio Hitler, e apagada da história, mas com o fim do nazismo ela ressuscitou com muito mais força e sustentação, recebendo o nome de Organização das Nações Unidas, ONU, em 1948, e foi ela que decretou a volta do Estado de Israel. Com a ONU, as guerras continuaram nas décadas seguintes, mas fora dos grandes centros, que são a Europa, a América do Norte e o Japão – a China veio a tornar-se potência apenas no século XXI.

Muitos outros ganhos o mundo obteve em consequência da derrota do nazismo. Pensemos no crescimento das pregações racistas ao longo da primeira metade do século XX. O antissemitismo e o preconceito de cor eram muito fortes nos Estados Unidos e na Europa. Mesmo os imigrantes italianos, muito miscigenados com mouros, sofriam grande preconceito nos Estados Unidos. A Ku Klux Klan, entidade que matava pessoas negras no país desde o fim do século XIX, por causa da cor da pele, e por vingança por terem elas sido libertadas da escravidão, era vista um modo de vida, não uma aberração.

A Igreja Católica mantinha uma doutrina desenvolvida entre os séculos IV e VII. A rejeição ao Renascimento, ao Antropocentrismo e ao Iluminismo estava ainda viva no Catecismo. O Vaticano, que na Baixa Idade Média condenava hereges à morte e entregava-os ao "braço secular" para que os executasse, continuava fechando os olhos às regras governamentais que, mundo afora, regulavam as mortes programadas: pena capital, eutanásia, aborto e guerra – hoje os católicos enfrentam a hipocrisia dos que de um lado combatem o aborto e apoiam a pena de morte e dos que pregam exatamente o contrário. Uma década depois da morte de Hitler, concluiu-se na Santa Sé o documento do Concílio Vaticano II, que contou com a participação de teólogos protestantes, como luteranos e presbiterianos e renovou, até com certo exagero (fim dos cânticos em latim na missa, por exemplo), a doutrina e a prática do catolicismo.

Conviver com a ditadura vitalícia em grandes países centrais, com a Ku Klux Klan, com o espírito da Inquisição e com o antissemitismo crescente, tudo isso seria uma constante por mais alguns séculos se o nazismo não tivesse escancarado ao mundo o horror dessas crenças românticas pseudo-humanísticas. É um fato que estará claro para os seres humanos dos próximos séculos.

Israel. Mas imaginemos que esses descendentes de nossos netos sejam ainda mais radicais, e que não queiram impedir o nazismo, mas algo mais antigo: a crucificação de Jesus de Nazaré.

A perseguição aos judeus durante o nazismo tinha um fundo de fanatismo religioso: Hitler ditou ("Mein Kampf"- Minha Luta), e seu secretário Rudolf Hess escreveu, que atacar os judeus significava realizar o trabalho do Senhor, isto é, vingar o sangue de Jesus. João Evangelista é o único na Bíblia a apresentar uma oposição entre galileus, do norte de Israel, e judeus, do sul de Israel, inclusive frisando que "Judas era judeu", enquanto os outros onze apóstolos, como o próprio Jesus, eram galileus.

O Catecismo católico, que vinha da Idade Média, reproduzia essa maledicência, sem se dar conta de que um santo, mesmo sendo santo, transmite sua palavra com a linguagem de seu tempo, que não deve ser repisada séculos e séculos de modo fundamentalista. Pelo que o apóstolo Paulo escreveu, por exemplo, a mulher deve cobrir sempre a cabeça com véu e seu papel é cuidar das crianças em casa. Mulher trabalhando fora com a cabeça descoberta é algo que Paulo de Tarso reprovava com veemência. Temos de lembrar que o século I era praticamente outro mundo, em comparação com os séculos XX e XXI. Quando João Evangelista – que deve ser o mesmo do Apocalipse, não o apóstolo, como será provado no futuro – enfatiza rivalidade entre norte e sul de Israel, isso deve também ser visto como coisa do século I. È como atualmente algum escritor fomentar animosidade entre Piemonte e Calábria. Pode servir para esclarecer alguma questão de momento, mas não deve ter importância fora desse contexto.

De todo modo, se não tivesse ocorrido a crucificação de Jesus, um judeu como todos os outros de Israel naquele tempo, não haveria essa acusação de que "os judeus crucificaram Jesus". O nazismo não teria sua principal base de fanatismo e muitos outros episódios de perseguição a judeus na Europa teriam sido evitados. O Profeta Muhammed, Maomé, ensinou que Jesus não foi crucificado, porque Alá, ou Eli, fez uma troca, na Via Sacra, colocando Judas sob a cruz e libertando o nazareno, que escapou na multidão. O problema é que, para quem não é crente muçulmano, a história contada por Muhammed não faz sentido.

Então essa nave vai a Jerusalém, com o objetivo de impedir a crucificação. O sofrimento era grande em Israel naquele tempo, porque Herodes Antipa rejeitou a capital, Assim como fez Ebert cm Berlim em 1919. Criou uma nova capital, Tiberíades, no ano 20 d.C., e no ano 28 d.C., como relatado por Flávio Josefo, residia na Fortaleza de Maquero, à oeste do Mar Morto, hoje Jordânia, onde ordenou a decapitação do Profeta João Batista, como prometido à dançarina Salomé, princesa dos sete véus, filha de Herodíades.

Os tripulantes do óvni têm poder e técnica para abduzir Jesus no caminho do Morro do Cólgota e levá-lo, por exemplo, para a Síria, ou para Roma, que é para onde São Paulo mais tarde exigiu ser levado para julgamento.

Ótimo. Ou não. Primeiro, nós sabemos sobre a existência de Jesus por causa da violência que praticaram contra ele. Muhammed não levou isso em conta. Se alguém tivesse sequestrado o nazareno, livrando-o da crucificação, a história da vida dele poderia ter sido diluída ali, no meio dos cinco mil crucificados anuais. Seria apenas mais um que, por descuido dos guardas, escapou.

O que aconteceu foi que, segundo João Evangelista, ele foi para a cruz, os guardas, diferentemente do que faziam com os outros para que não fugissem, evitaram quebrar as pernas dele, muito provavelmente porque Pôncio Pilatos tinha deixado um aviso no topo do madeiro: INRI (*Iesus Nazarenus Rex Iudorum*). Quando os sacerdotes, desconfiados, reclamaram da atitude de Pilatos, ele respondeu: "O que está feito está feito!" E Jesus ressuscitou mais uma vez (ele teve experiências de quase morte antes), e visitou os apóstolos dias depois, tendo inclusive de mostrar as chagas das mãos cravejadas a Tomé, que só aceitava crer depois de ver.

Sem esses fatos, a história teria sido muito parecida com muitas outras da época, e o principal ensinamento político de Jesus, a demanda pelo fim da Lei de Talião, do Código de Hamurábi, poderia ter passado em branco. Com as modernas tecnologias do século I, depois dos inventos de Arquimedes e dos grandes técnicos do Museu de Alexandria, os exércitos estavam em condições plenas de se exterminarem uns aos outros, mas também de eliminar nações inteiras e toda a civilização. O mundo inteiro, naquela época, tinha cerca de 220 milhões de habitantes, que é a população do Paquistão no ano de 2020.

Sim, sem o ensinamento de Jesus, o mundo corria o grande risco de não chegar ao ano 476, data do fim da Antiguidade e início da Era Medieval.

Agora, supondo que, sem a crucificação, que tornou notícia a existência do Mestre, a humanidade mesmo assim tivesse sobrevivido, poderíamos ter a situação em que aquele ensinamento e mais centenas de outros deixados por Jesus somente agora no século XXI é que estariam chegando às pessoas, e por outras fontes e outros caminhos.

Assim como o ato de evitar o nazismo atrasaria a história em séculos, eliminar a crucificação de Jesus atrasaria a história do mundo em milênios.

Inconsciente. Outro aspecto que fará com que os humanos do futuro não tenham razões para mudar o passado é o papel do instinto de morte, ou pulsão de morte, na história dos povos. Freud discutiu muito com Einstein sobre a questão no âmbito da II Guerra Mundial, mas a conversa levou o criador da psicanálise a ampliar o conceito pelo lado do impulso de matar, quando talvez Einstein quisesse tratar mesmo do impulso coletivo de morte. A extensão do conceito de inconsciente para "inconsciente coletivo", feita por Jung, nunca foi bem vista por Freud. O próprio Jung entendeu ter descoberto outro tipo de inconsciente, quando na prática o que ele constatou é que o velho inconsciente estudado por Freud não era apenas individual, mas pertencente à espécie. Existe, obviamente, o componente individual, mas essa máquina do inconsciente é algo mais abrangente: é um instrumento coletivo dos seres humanos.

O conceito de pulsão de morte não foi um produto da mente de Freud, mas algo que ele desenvolveu a partir de uma ideia ("pulsão destrutiva e sádica") de Sabina Spielrein, uma jovem russa que aos 18 anos veio à Suíça tratar-se com Jung de um problema de histeria e foi depois encaminhada a cursar Medicina, tornando-se também psiquiatra. Por seu próprio interesse no tema, ela tornou-se amiga também de Freud, não só de Jung, entre os pais da análise psíquica - quem quiser assistir a "Um método perigoso", filme sobre a relação entre os três, de David Cronenberg, com Keira Knightley, pode fazê-lo, mas apenas por diversão, pois ali há mais ficção que história verídica..

Como Lev Tolstói já deixava antever em seus escritos, os grandes acontecimentos políticos, como revoluções e guerras, são ações muito mais dos cidadãos que dos governantes.

Se um grande líder tivesse encontrado um poderoso caminho para fazer parar a II Guerra Mundial no fim de 1939, certamente não teria obtido êxito na empreitada. A pulsão de morte, que no caso estava configurada como impulso coletivo de morrer, não se esvaziaria até que os rios de sangue saciassem a sede do inconsciente.

As guerras de grande abrangência, como foram a Guerra dos Cem Anos (1337-1453) – que pôs fim à Idade Média -, a Guerra Franco-Prussiana (1870-1871) – que sepultou a era das monarquias francesas -, a I Guerra Mundial (1914-1918) – que desmontou os poderosíssimos Império Austro-Húngaro e Império Turco-Otomano – e a II Guerra Mundial – que derrubou a ditadura nazista, o Império Teocrático Japonês e o Império Italiano, essas guerras iniciaram-se como resposta a acontecimentos que trariam grandes mudanças para a humanidade. No caso da Guerra dos Cem Anos, aquelas mudanças foram proteladas por pelo menos 116 anos, que foi a duração do conflito. O enfraquecimento brutal da Europa levou à Queda de Constantinopla, tomada pelos turcos, mas esse não foi o avanço desenhado, que estava, isto sim, nos campos da Arte, da Literatura, da Ciência e da Tecnologia.

Voltando alguns séculos, e retomando o caso de Israel, não é segredo para ninguém a grande renovação que estava sendo delineada para o mundo no ano 28, quando João Batista foi decapitado. Aquele ato do desastrado Herodes Antipas despertou no primo de João, Jesus de Nazaré, que até então levava uma vida pacata como carpinteiro, o compromisso de continuar o trabalho do profeta e libertar as populações pobres do jugo mental que era viver sob aquela insanidade. Nas décadas seguintes Israel, mesmo sabendo que não tinha como vencer o Império Romano sem sólidas alianças com outras nações, não se curvou. E no ano 70 o Império derrotou os últimos destacamentos guerreiros dos judeus, eliminando-os do mapa por 19 séculos. Um dos guerreiros capturados foi o próprio historiador Flávio Josefo, que, levado para Roma, passou a ser bem tratado pelas autoridades, ante seu indiscutível valor intelectual. E Jesus terá mesmo existido, se Flávio Josefo cita seu primo João Batista e seu irmão não consanguíneo Thiago de Nazaré, mas não ele? Se não conseguirmos provar antes, os visitantes do futuro tirarão isso a limpo. Mas não é difícil provar, porque pelo menos em termos de Psicologia e Teoria Literária já temos hoje muitos indícios que levarão a isso. Um dos indícios, fracos, é a profusão de xarás nos evangelhos. Tiago Maior e Tiago Menor, Judas Tadeu e Judas Iscariotes, estas são apenas duas das duplas de pessoas de mesmo prenome. Um escritor de ficção tem, desde a Antiguidade, o cuidado de não criar personagens com o mesmo nome, como um recurso para ajudar o leitor a acompanhar a narrativa. Pistas muito mais fortes que esta dos xarás estão registradas no Novo Testamento, esperando que os pesquisadores se debrucem sobre elas e tirem as conclusões necessárias.

O mesmo impulso coletivo de morrer dos guerreiros ocorre nas epidemias. Um espécime de nosso gênero entra em contato com uma pulga, um piolho, um rato, um morcego, ou algum outro animal que não tem nenhuma culpa de portar micro-organismos que nos são fatais, e transmite a outros humanos o fungo, a bactéria ou o vírus da enfermidade que ele contraiu. Dali o problema se alastra. A humanidade avançou o quanto pôde, derrotando as bactérias danosas que traziam uma grande variedade de doenças. Mas restaram os micro-organismos que devoram bactérias, os vírus, muitíssimos menores e ainda mais perigosos.

Essa lei da compensação, que busca balancear um ganho com uma perda de igual dimensão, permeia toda a ação do inconsciente. As pulsões, porém, são tendências, que podemos controlar, uma vez identificadas. Assim como pudemos contornar a lei da gravidade e criar o aeroplano, também poderemos mais à frente adotar para a sociedade melhorias que não levem à procura inconsciente de pioras correspondentes.

De todo modo, um descendente nosso, nos próximos séculos, saberá que não há ganho em voltar a Londres no ano de 1665 para estancar a peste negra em suas primeiras manifestações, ou mesmo impedir sua mera manifestação. Sem aquela tragédia, que eliminou 20% dos londrinos, tenderíamos a adiar por não se sabe quanto tempo alguns avanços necessários na ciência. E esse nosso visitante sabe também que se descer lá para obstruir o caminho daquela peste, a pulsão de morte buscará outro meio de causar dano equivalente.

Sempre será de grande valia o trabalho dos presentes na luta para resolver os grandes problemas que surgem, e isso é aproveitar a tragédia para incorporar novos aprendizados. O que não faz sentido é atrapalhar a experiência de nossos antepassados, por mais doloridas que tenham sido elas.

Paralelas. Nossos descendentes terão, pois, o conhecimento de que, mesmo que possam fazê-lo, não vale a pena mudar a história passada. A relação custo-benefício é altamente desestimulante.

Quanto à história futura, o entendimento é o oposto. Com a possibilidade de viagem no tempo, podemos fazer do progresso do mundo um laboratório. Só então valerá a visão da Física Quântica sobre as histórias paralelas.

Hoje em dia não temos ainda maturidade para isso, porque estaríamos brincando de demiurgos sem o devido preparo. Mas na altura em que pudermos fazer as viagens, podemos tomar grandes decisões e partir para verificar as consequências semanas depois ou anos depois. Não sendo boa coisa, podemos retornar a nosso ponto de partida e abraçar outra opção. Há uma franquia de filmes sobre o tema com o nome de "Efeito Borboleta", mas o título é um despiste, sem que saibamos o motivo disso. O "Efeito Borboleta" da Física trata de um fenómeno meteorológico (uma borboleta bate as asas em Belo Horizonte e pode provocar uma tempestade em Michigan). Para atribuir um título condizente ao filme, ele teria de ser algo como "Histórias duplas", ou "Histórias alternativas".

Podemos imaginar que o governante poderoso toma uma decisão e ele leva a uma grande tragédia, algo como uma III Guerra Mundial. Volta-se depois para consertar. Não será uma coisa assim, por um princípio da gestão da qualidade: tomada a grande decisão, temos de monitorar os passos seguintes. Se, por grande infortúnio, um desses momentos é uma declaração de guerra, teremos como alterar o rumo dos acontecimentos, para não chegarmos àquele ponto crucial.

Retorno. Mas não podemos hoje ficar muito contentes com essas constatações. Uma das afirmações insistentes de Stephen Hawking, nos últimos anos antes de morrer, era que nós já condenamos a vida na Terra. Segundo ele, o que já causamos de destruição, em poluição e aquecimento global, deixou a Terra no ponto de não retorno, um estado que não permite mais recuperação.

A recomendação dele era a de trabalharmos incessantemente para encontrar meios de transferir humanos para outros planetas. Do contrário, não sobrará nada da vida de nossa espécie.

Resta fazer figa, e, para quem é religioso, rezar muito, para que Hawking tenha cometido um erro de avaliação. Ou para que, mesmo tendo ele acertado, nossos descendentes descubram o meio de reverter a situação.

Quanto a isso, há uma questão que deveria preocupar muito. Sempre que há comunicação entre os visitantes em óvnis e nossos contemporâneos, repete-se o apelo para que cuidemos da ecologia, da saúde do planeta. Isto significa que nossos descendentes podem estar enfrentando o gargalo lá na frente. E podem estar tendo ciência de que a passagem por esse gargalo depende de nossas atitudes no século XXI.

Segundo o apelo de Hawking, muitos cientistas vêm estudando as condições de vida futura em Marte. Teríamos de garantir, entre outras engenharias planetárias, zonas de oxigênio, restrição de faixas de temperatura, purificação da água tornando-a potável e aclimatação de plantas e animais, antes de irmos nós arriscar a vida lá.

Nossos descendentes longínquos podem descobrir que as condições de vida na Terra se extinguirão antes que possamos construir aquela colônia no planeta vermelho. Eles lá, nesse futuro, dependem de nós do mundo contemporâneo. Dependem de nossa capacidade e humildade para redimir a Terra.

O refratário do aquecimento global antropogênico tem o direito de pensar: Como eu, um homúnculo, menor que um minúsculo grão de areia dentro da Via Láctea, tenho esse poder de aquecer a Terra e, ainda mais, de salvá-la? Esse homúnculo, como somos todos nós, não percebeu que é pouco sozinho, mas não quando age em conjunto com outros oito bilhões de semelhantes.

Se ele não crê na finitude do fornecimento de água, poderia, pelo menos, enxergar a outra metade do problema, que é o tratamento do esgoto. Da mesma forma, se não crê que a humanidade vem deteriorando a vida na Terra, poderia aliar-se aos que já estão engajados na campanha para legar aos descendentes um mundo de florestas mais sadias, de rios mais limpos, de oceanos sem acúmulo de plástico e outros poluentes, de um ar puro em cada cidade industrial e de uma população mais consciente dessas necessidades.

Capítulo 8 – E o fim da história

Karl Popper externava uma contrariedade com a opção da academia quanto à abordagem da Historiografia. A história que se conta, reclamava ele, é a das guerras, das revoluções, das epidemias e outras tragédias. Dizia que a ênfase deveria ser dada aos progressos humanos, na arte, na ciência e na tecnologia.

Temos, portanto, dois caminhos distintos para fazer o registro da história, mas basta ligar o noticiário da TV no início da noite para saber porque a preferência é pelas tragédias. Se isso não for suficiente, basta lembrar alguns resultados de acidentes alojados na beira da estrada. Todos reduzem a velocidade para verificar com mais calma. Se alguém não pretende reduzir, é obrigado a fazê-lo, porque os outros motoristas na frente já o fizeram e não há como escapar. O que todos querem ver é a tragédia, depois que aconteceu. Se em lugar de dispormos os carros destroçados e as pessoas mortas e feridas, instalarmos um grande orador recitando um poema de Bob Dylan – não precisa ser de Lawrence Ferlinghetti ou Hans Magnus Enzensberger -, ninguém reduzirá a velocidade para ver ou escutar.

Vemos, assim, que esse tipo de história, que é registrada na academia, contada nos livros e ensinada nas escolas básicas, é ditada pelos caprichos psicológicos dos humanos.

Primordial. Foi com base nisso que o Professor Francis Fukuyama, da Universidade Stanford, vaticinou, analisando as consequências da Queda do Muro de Berlim, o fim da história, para aqueles dias. No entendimento dele, o grande embate da Era Contemporânea dava-se entre as visões político-econômicas antagônicas, configuradas na economia de mercado dos Estados Unidos e na economia planificada da Rússia. Como todos sabemos, ele se enganou Saiu ganhando por ter auferido notoriedade mundial com a teoria, mas ela se revelou errônea.

A própria Rússia, na época, já estava severamente envolvida na política doméstica do Afeganistão, tentando amparar governos laicos frente às investidas dos fanáticos religiosos.

Conforme Fukuyama aprendeu nus cursos de Ciências Sociais, os fatos sociais são intercambiáveis, não havendo hierarquia entre eles. Foi este o ensinamento de Émile Durkheim. Mas Durkheim tentou elaborar um princípio que contrariava as observações que ele tinha em mãos: o substrato primordial do comportamento do indivíduo nas sociedades civilizadas é a religião.

Desde que foram codificados o bramanismo, o taoísmo, o budismo, o xintoísmo e o judaísmo abraâmico, com seus grandes ramos cristão e muçulmano, quase todas as guerras no mundo tiveram como pano de fundo a religião, quando não diretamente, pelo menos indiretamente. O barril de pólvora, para quem levava em conta essa realidade, estava estocado no Oriente Próximo e nos países das imediações do Cáucaso.

Nem estava ainda terminada a derrubada do Muro, que foi rompido na noite de 9 de novembro de 1989, e a Península Arábica viu irromper-se a Primeira Guerra do Golfo Pérsico, quando o ditador Saddam Hussein, do Iraque, invadiu território do vizinho Kwait, no dia 2 de agosto de 1990, alegando que era seu direito incorporá-lo, por causa de uma divisão internacional de milênios atrás. A ação iraquiana afrontava o princípio de *uti possidetis iuris*, assim como o de *uti possidetis de facto* (o direito à posse pela ocupação de longo prazo). Assim foi formada uma coalizão de países, sob supervisão da ONU, com o objetivo de obrigar Saddam Hussein a retirar suas tropas do país fronteiriço. O Iraque teve de ceder.

Mas além dos problemas no Afeganistão, o Iraque mesmo, antes da Queda do Muro, esteve metido num longo conflito, que foi a Guerra Irã-Iraque (1980-1988).

Os adeptos inflexíveis de La Rochefoucauld ("toda ação humana ocorre por interesse próprio") enxerga nessas guerras apenas o fator petrolífero, como nas de antes era o carvão, e nas de outros tempos eram a madeira, o açúcar e assim por diante. Mas esses interesses são motivações simplesmente, não são causas.

A história, contada através do foco nas guerras e nas revoluções, não chegou ao fim em 1989, pois os fanáticos religiosos teriam ainda muito papel a desempenhar.

Torres. Como recidiva pela Primeira Guerra do Golfo, sucedeu-se uma invasão do Iraque liderada pelos Estados Unidos, durante o governo de George Walker Bush, enfrentando o mesmo ditador vitalício Saddam Hussein. O ato se deu no dia 20 de março de 2003, em consequência do ataque de aviões às Torres Gêmeas de Nova Iorque no dia 11 de setembro de 2001. O atentado que derrubou os dois edifícios, do World Trade Center (Centro Comercial Mundial), foi projetado por Osama Bin Laden, um rico herdeiro saudita que atuava como um dos líderes dos jovens talebãs ("estudantes da lei islâmica") do Afeganistão, como represália à interferência dos Estados Unidos no sentido contrário à expansão da religião muçulmana, que readquiriu impulso pelo estabelecimento do califado mundial desde a Revolução Teocrática do Irã, de 1º de abril de 1979.

A ocupação dos Estados Unidos sobre o Iraque durou até setembro de 2011, e deixou como resposta rebelde a formação do grupo fanático Estado Islâmico, exército clandestino que dominou vastas áreas do Iraque e da Síria e deixou um saldo de inúmeros atentados terroristas devastadores em várias partes do mundo, até ser dizimado em meados de 2019.

Raiz. O fim da história, nesse sentido de tragédia dos povos, ocorrerá ainda, com a maior das probabilidades, no século XXI, mas, conforme está no livro "As três causas da guerra" (2019), dependerá de um trabalho duro da ONU no propósito de abolir a possibilidade de manutenção ou surgimento de: (a) *teocracias*, (b) *ditaduras* vitalícias em qualquer lugar do mundo e (c) *versalhismos*, que são as instalações de novas capitais nacionais por parte de estúpidos chefes de Estado.

Todos os outros elementos que os estudiosos apontam há séculos como causas de guerra são apenas movitações, combustíveis, ou justificativas, como o exemplo dado acima do interesse econômico. Outros desse mesmo teor são a ofensa à honra, a invasão de territórios, a defesa da liberdade, a imposição de uma doutrina política e mais uma certa quantidade dessas coisas. Se esses e outros precedentes fossem a causa (etiologia), a cura teria sido providenciada há muito tempo. As causas, psíquicas, e não simplesmente morais, são aquelas três listadas no parágrafo anterior, e nenhuma mais.

É importante notar que passam a fazer efeito assim que se anunciem como tais, como é o caso da ditadura vitalícia: basta o chefe garantir em leis, ou em acordos, sua longevidade no cargo que o sinais da pulsão de morte, parte deles já indicando o caminho da guerra, estarão presentes.

Os historiadores podem verificar esses fatos sem muita dificuldade, estudando o passado das nações. No futuro, os viajantes do tempo poderão agregar mais detalhes ao tema, desvendando segredos que ainda persistem, e terão a possibilidade de analisar o problema nas épocas vindouras, se a loucura e a estupidez continuarem tendo chance de acender ao poder nos próximos séculos, o que é muitíssimo improvável.

Esclarecimentos. Esses viajantes e historiadores do futuro poderão esclarecer todos aqueles grandes mistérios citados na coleção do Grupo Clarín, do início do Capítulo 4, e no artigo da revista BBC History, do início do capítulo 5, e até o do chupacabra, além de muitos outros.

Algumas dúvidas podem manter-se encobertas pelo véu da noite, sem chance de vir à luz. Tais são os casos de nascimentos como os de Moisés e Alexandre Magno. Moisés foi realmente deixado no cesto de vime no leito do Rio Nilo por sua mãe Jocabel para salvá-lo do edito faraônico que determinava a matança dos bebês judeus, tendo sido achado e criado pela filha do faraó, a princesa Bitiá? Ou terá sido, como querem os críticos ácidos da história hebraica, um filho bastardo da própria princesa, que forjou o relato do achado à beira do rio como um modo de introduzir o garoto no palácio? Esta segunda versão, antiacadêmica e antibíblica, circula como um produto antigo de teoria da conspiração, e será muito reconfortante provar sua imprecisão histórica. Mas se, ao contrário, for provado, mesmo com chance quase nula, que Moisés era mesmo príncipe egípcio, isso não causará arranhão significativo no moral dos seguidores do judaísmo, da mesma forma que não abalou o catolicismo a comprovação de que o Santo Sudário era uma relíquia forjada na Idade Média.

O caso de Alexandre Magno é ainda menos emocionante. A comprovação, ou a negação. de sua filiação a Felipe II da Macedônia serviria apenas como item de verdade histórica, embora pudesse explicar algo de sua atitude em renegar sua pátria e instalar-se no Egito, numa capital artificial. Felipe II desprezou Olímpia, sua esposa, ao flagrá-la deitada com uma serpente. As fantasias da época espalharam mais tarde que aquela serpente era um dos disfarces de Zeus, que tinha vindo seduzi-la. O rei trocou-a por uma concubina mais jovem, e ele, revoltada, retornou ao Épiro, seu país natal. Quando seu tio Arribas descobriu que ela estava grávida exigiu que ela voltasse para Felipe, em Pela, capital da Macedônia. O menino Alexandre nasceu ali, no palácio, e, por todo o zelo com que Felipe II o tratou, tendo crescido como aluno particular de Aristóteles e Meneacmo, ele se tornou o Imperador do Mundo.

Se aquela "serpente" estava deitada com Olímpia à luz do dia, talvez nossos viajantes do tempo não encontrem dificuldade em identificá-la. Algum método estará à mão para verificar se Felipe II era o pai biológico de Alexandre ou se o verdadeiro pai era algum cortesão.

Fofocas palacianas ou não, a história nunca mais será a mesma quando nossos descendentes puderem verificar in loco todos os inúmeros fatos nebulosos que compuseram a crônica palácios reais. Com tragédias ou não, essa crônica será iluminada pela verdade científica.

Revisão. Dos mistérios reportados nos livros do Grupo Clarín, já tratamos, longamente das Linhas de Nazca (volume 2) e, com brevidade, do Santo Sudário (volume 5) e da Guerra de Troia (volume 13). Não necessitamos voltar às Linhas de Nazca, mas vamos retomar resumidamente os outros mistérios, juntamente com os da BBC.

I – *Tutankâmon*. Tutankâmon (1343 a.C. - 1325 a.C.) foi o jovem faraó que, ao subir ao trono, desistiu da nova capital, Atón, ou Amarna, que o pai, Aquenatón (Amenhotep IV, ou Amenófis IV), havia construído, cidade onde fora instituído o culto monoteísta do deus Atón (o Absoluto, representado pelo disco do Sol), devolvendo a sede do reino a Tebas. Não se sabe ainda do que morreu Tutankâmon, mas avalia-se que sua morte ocorreu quando ele estava com 18 ou 19 anos. O nome Tutankâmon significa "Imagem Viva de Amen". Ele é apelidado de "o Faraó Menino".

Sua tumba foi encontrada em novembro de 1922, por Howard Carter, no Vale dos Reis, depois do recebimento de um financiamento por parte do mecenas Lord Carnarvon. A múmia esteve por mais de três mil anos preservada no subsolo, até que a equipe de Carter cavou o furo na parede que permitiu acesso a ela, em momento devidamente registrado por escritos e fotografias.

Alguns meses depois, pessoas que visitaram a tumba vieram a óbito, uma após outra, incluindo o financiador da expedição, Lord Carnarvon, que faleceu no dia 5 de abril do ano seguinte, no Cairo, de pneumonia. O fato levou à boataria sobre uma tal de "maldição da múmia".

A imprensa inglesa não só ecoou a explicação da "maldição" como estampou uma frase que dizia estar inscrita numa parede das antecâmaras do túmulo: "A morte virá em asas ágeis sobre quem perturbe a paz do faraó". Entretanto, nem Carter nem seus registros do local deram testemunho da existência dessa sentença. O que reforçou mesmo o alastramento do boato foram as mortes. A secretária de Carter morreu de ataque cardíaco naqueles dias. O irmão de Lord Carnarvon, que visitou a tumba, morreu ao voltar a Londres. Douglas Reid, que radiografou a múmia, morreu assim que retornou à Suíça. Um pesquisador do Canadá que esteve estudando a múmia com Carter morreu no Cairo, de Acidente Vascular Cerebral. E Arthur Mace, que deu o último golpe de picareta na parede do túmulo para a entrada da equipe, morreu no Cairo pouco depois, de causas desconhecidas.

Alguns levantaram a hipótese de que um vírus, hibernando na múmia por esses três milênios, foi reativado com a chegada dos arqueólogos. A probabilidade é pequena, mas não totalmente descartável. Pode-se, inclusive, chegar à conclusão de aqueles exploradores tinham entre seus companheiros alguém infectado por algum vírus fatal de outras paragens, e que transmitiu a moléstia a vários dos que estiveram lá. Howard Carter, imune ou não, esteve a salvo, pois continuou suas pesquisas em visita às tumbas nos vários anos seguintes.

Assim como o da *causa mortis* do faraó menino, esse mistério da "maldição" será quase certamente esclarecido pelos futuros viajantes do tempo, se não for desvendado antes.

II – *Linhas de Nazca*. As linhas de Nazca foram acrescidas recentemente por mais detalhes e mais desenhos identificados, com o uso de novas tecnologias que melhoraram a capacidade de captação de cenários em fotografias e vídeos. Como elas foram feitas e com que finalidade? Saberemos um dia.

III - *Moais*. Os moais ("esculturas" na língua rapanui, dos nativos) espalhados pela Ilha de Páscoa, Chile, são em torno de novecentos, esculpidos em rocha vulcânica entre os anos 700 d.C. E 1600 d.C. Muitas das estátuas estão inconclusas ou derrubadas. Especula-se que tal fato seja resultado de guerras tribais.

Cada moai representa, pelo que se entende, um ancestral dos habitantes da ilha. Dotado de olho de coral, com pupila de obsidiana, o monumento tornava-se *aringa ora* ("rosto vivente"). Na língua local o nome completo da estátua é *aringa ora o te tupuna* ("rosto vivente dos antepassados").

Foi só no início do século XVIII que os primeiros navegantes europeus chegaram à ilha, localizando assim mais um grande mistério a ser estudado e decifrado na face da Terra, pois os habitantes já não tinham ideia de que motivos levaram seus ascendentes a erigir as estátuas. O idioma rapanui, que os nativos ainda usam paralelamente ao espanhol, é de um ramo polinésio, com influências do taitiano.

IV – *Maçonaria*. O documento mais antigo de que dispõe a maçonaria é o chamado *Estatutos de Bolonha*, de 1248. O nome "maçon", pedreiro em francês, indica que na origem essa sociedade filantrópica iniciática foi fundada por pedreiros, o que estabelece ligação com os cavaleiros templários, que, como é sabido, depois de proteger como guardas voluntários as Cruzadas, nas lutas para a conquista da chamada Terra Santa, dedicaram-se no Reino Latino de Jerusalém, criado em 1099, à edificação de templos, e, voltando à Europa, continuavam a construir templos e outras obras arquitetônicas. A derrota final dos católicos frente ao exército de Saladino deu-se em 1291, de modo que os templários não tiveram mais lugar em Jerusalém.

As lojas maçônicas, que são as unidades territoriais da instituição, funcionam em regime federal, tendo em cada país suas lideranças regionais, provinciais e nacionais. Não existe uma coordenação central mundial, como imaginam os inventores de teorias conspiratórias. A entidade se define como uma sociedade de caráter iniciático, humanístico, filantrópico, simbólico, filosófico, discreto, seletivo, harmônico, hierárquico e internacional, fundada em sentimento de fraternidade e tendo como objetivo a busca da verdade e o estudo da conduta humana, das ciências e das artes. Procura fomentar o desenvolvimento social e moral, visando à evolução pessoal e ao progresso. Os ensinamentos são exemplificados com alegorias relacionadas à construção civil, a "arte real da construção".

Nas cerimônias de iniciação o novo membro toma contato com lemas da alquimia, como um em latim que se traduz como "Explora o interior da Terra e, retificando-te, encontrarás a pedra oculta". Estas e outras simbologias estão por trás das lendas sobre um segredo muito especial que só os mestres maçons conhecem. Os membros, seguindo a hierarquia, são distribuídos em aprendizes, companheiros e mestres. E, de fato, os mais graduados portam segredos relativos ao ritual e a certos conhecimentos esotéricos, mas a maçonaria não é uma sociedade secreta.

Esses segredos dos iniciados serão revelados a todos um dia? Ou eles são como os conhecimentos da Escola de Pitágoras, que dependiam de muito estudo e, por isso, só os estudantes da instituição estavam aptos a dominá-los?

Talvez as respostas venham a público, em algum tempo no futuro.

V – *Santo Sudário*. Quando o Papa João Paulo II decidiu submeter o Santo Sudário ao escrutínio das medidas de carbono-14, estava certo de que, caso fosse comprovada a idade de dois milênios, como acreditavam os fiéis, a relíquia renderia um grande reforço à religião católica, mas se, ao contrário, a máquina trouxesse outra conclusão, a peça continuaria como um objeto importante hoje guardado na Capela do Santo Sudário, em Turim, Itália, de qualquer modo. A segunda possibilidade foi a que se revelou.

Já se sabia que foi no ano de 1357 que o nobre francês Geoffroy de Charnay doou o manto à igreja de Liery. A dúvida era quando à origem, pois logo se espalhou que se tratava de uma achado da época da crucificação. A peça teria sido posta sobre o corpo de Jesus após a crucificação, e o rosto dele teria ficado gravado no tecido. Mas o exame de carbono-14 mostrou que a relíquia foi confeccionada entre 1260 e 1390.

O mistério apenas mudou de data. Quem fez a obra? Onde? Há várias teorias sobre como a imagem teria sido formada. Estudos forenses, biológicos, químicos e físicos vêm sendo feitos sobre o material. Quando da análise da medição de idade, o Papa

João Paulo II declarou que c Santo Sudário não é uma questão de fé, não cabendo ao Vaticano tomar uma posição quanto a ele. Seu estudo cabe aos cientistas.

VI – *Machu-Picchu.* O grande enigma da cidade de Machu Picchu, cujo nome inca era Llaktapata, começou em 1911, quando ela foi descoberta pelo pesquisador norte-americano Hiram Bingham, que espalhou a notícia do achado mundo afora. Os peruanos contam que o fazendeiro Agustin Lizárraga, de Cusco, já tinha chegado ao local no ano de 1902, com alguns amigos, e deixaram seus nomes inscritos no muro do Templo do Sol. Para todos os efeitos, a primazia cabe a Hiram Bingham, que, tendo chegado ao local tendo como guia o fazendeiro Melchior Arteaga, reconheceu e divulgou o valor histórico do sítio. Ali encontrou duas famílias camponesas residentes, os Richarte e os Álvarez. O achado foi relatado em edição especial da revista National Geographic em 1913.

Os locais mais notáveis da cidade são:
- O Templo do Sol
- O Templo das Três Janelas
- O Templo do Condor
- A Praça Sagrada
- O Intihuatana
- A Residência Real

Em 1983 o sítio arqueológico foi declarado Patrimônio Cultural da Humanidade, pela Unesco, e em 2007, na famosa votação por internet organizada em Lisboa, foi eleita uma das Sete Maravilhas do Mundo Moderno. O nome significa na linguagem inca Montanha Velha (Machu = antigo, Picchu = pico).

Especula-se que a cidade, no alto dos Andes, foi construída antes do século XV, embora muitos acreditem que foi criada a mando do Imperador Pachacútec, que reinou em meados do século XV, como um local de descanso para a realeza. Outra versão defende que a razão da criação da cidade foi estratégica, vendo-a como uma fortaleza. Os tipos de construção, porém, dão a entender que o objetivo era religioso.

Fotografada a partir de determinado ângulo, Machu Picchu aparece como um rosto de um homem deitado, tendo o pico mais alto como o nariz. Este fato tem impressionado muitos visitantes.

Quando, afinal, a cidade foi construída? Com que finalidade? Um dia saberemos.

A cidade de Machu Picchu

VII – *Pirâmides*. "Do alto destas pirâmides quarenta séculos vos contemplam", é o que disse Napoleão Bonaparte em sua Campanha do Egito. Essas construções muito antigas, as pirâmides do Egito, compõem um dos sítios arqueológicos que mais encantam a humanidade desde que a história começou a ser escrita por Heródoto de Halicarnasso, na Antiguidade grega.

Elas estão lá desde o ano de 2.700 a.C., feitas em blocos de pedra para servir de tumba para os reis. Na planície de Gizé encontram-se as mais famosas, que são a de Quéops, chamada "a grande pirâmide", com 146 metros de altura, a de Quéfren, filho de Quéops, e a de Miquerinos.

A pirâmide de Quéops é a única das Sete Maravilhas do Mundo Antigo que continuam de pé. Ali perto, no litoral mediterrâneo, outra maravilha também egípcia, o Farol de Alexandria, foi destruída por um terremoto no ano de 1480.

Os faraós eram sepultados nas pirâmides para que mais facilmente pudessem ascender aos céus e tornar-se estrelas, juntando-se aos deuses tradicionais dos egípcios.

Os construtores, ao contrário da crença popular, não eram escravos, mas homens livres, pedreiros artesãos, contratados por causa de seu tirocínio na arte de erigir monumentos para culto às divindades. Orações inscritas nas paredes das câmeras funerárias daquelas edificações mostram o significado delas. Uma delas começa assim: "Ó Osíris, põe teus braços em volta deste grande rei, em volta desta construção, e em volta desta pirâmide, como os braços do símbolo do ka, para que a essência do rei esteja nela, para todo o sempre".

Como foram feitas essas obras? Quanto tempo demoravam para construir cada uma? Quantos homens estavam envolvidos no trabalho? São perguntas ainda sem resposta, e que levaram especuladores zombeteiros a divulgar as histórias conhecidas de que foram erguidas sob orientação e com tecnologia de seres de outros planetas.

VIII – *Maias*. A cultura maia desenvolveu-se no México, na Península de Yucatan e circunvizinhanças, do século XX a.C. ao século XV d.C., tendo perdido sua proeminência em torno do século X. Os espanhóis que colonizaram o México encontraram apenas comunidades remanescentes e dispersas daquele povo, que há muito não mais comandava a vida social e política do território, que envolvia a Guatemala, Honduras, Belize e El Salvador, além do sul do México.

São pontos a destacar da cultura maia os seguintes:

A) Eram politeístas, relacionando seus deuses à natureza.

B) Possuíam um sistema desenvolvido de escrita.

C) Tinham grande conhecimento de Matemática e Astronomia.

D) Sua economia estava baseada na agricultura, praticada nas zonas rurais.

E) Construíram grandes pirâmides para veneração aos deuses e socialização.

Os historiadores costumam dividir a história maia em três períodos: pré-clássico (2.000 a.C. a 250 d.C.), clássico (250 d.C. a 950 d.C.) e pós-clássico (950 d.C. a 1539 d.C.).

As cidades mais importantes foram Tikal, Teotihuacan, Copan, Chichen Itzá, Palenque e Coba. O fim do período clássico é marcado pelo abandono das grandes cidades, numa fase de grande colapso político, e a mudança das populações para áreas mais ao norte. Não se sabe ainda o que provocou esse desastre, se foram guerras, secas, degradação do meio ambiente, esgotamento dos recursos naturais, ou alguma combinação de dois ou mais desses fatores. Essa redução populacional drástica não atingiu as cidades mais recentes de Chichen Itzá e Uxmal, que, ao contrário, cresceram.

A organização política, como no Velho Mundo, baseava-se no poder divino dos reis. A monarquia era hereditária. Os chefes de cada aldeia respondiam a um líder regional.

Enquanto no Velho Mundo as Cidades-Estado reuniam-se em ligas apenas em momentos de guerra, na América Central elas se confederavam em torno de uma capital e seu monarca. Os entes federados pagaram impostos ao poder central.

A grande contribuição dos maias ao mundo foi, pois, a criação do federalismo, que veio a inspirar os fundadores dos Estados Unidos.

Deu-se em 1697 a queda da última cidade maia em mãos dos conquistadores espanhóis. Os mistérios que cercam a história desse povo devem-se ao fato de que os colonizadores destruíram seus documentos nas batalhas. De todos os livros maias restaram apenas três. Nossos pesquisadores do futuro poderão fotografar outros desses livros e desvendar os enigmas que ainda persistem.

IX – *Templários*. Os Cavaleiros Templários, como já mencionado acima, eram os membros de uma organização criada para acompanhar e proteger as Cruzadas. O nome completo dela era Ordem dos Pobres Cavaleiros de Cristo do Templo de Salomão, ou simplesmente Ordem do Templo.

Entre as tarefas desempenhadas pelos templários estavam, segundo artigo da revista National Geographic, (a) proteger os caminhos e os peregrinos no trajeto até a Terra Santa e (b) cuidar da defesa dos Estados Latinos conquistados no Oriente Próximo.

A Primeira Cruzada ocorreu em 1095, ordenada pelo Papa Urbano II com o objetivo de ajudar os católicos do Oriente Médio a resistir ao cerco dos muçulmanos. As conquistas não foram satisfatórias, de modo que em março de 1096 o mesmo papa organizou a Cruzada Popular, arrebanhando fiéis da França, da Germânia e da Península Itálica. No mês de agosto nova campanha levou à Cruzada dos Nobres, ou Cruzada dos Barões, com 35 mil guerreiros, entre os quais 5 mil cavaleiros.

Sem obter os resultados desejados, as expedições passaram a ter o apoio de pessoas com maior treino militar. Em 1118, nove cavaleiros franceses liderados por Hugo de Payns fundaram a

Ordem do Templo, mudanco a sorte dos peregrinos cristãos que buscavam conquistar e manter Jerusalém. No ano de 1129 a Ordem do templo foi reconhecida pela Igreja Católica, e passou a experimentar grande crescimento.

No entanto, em 1146 o rei francês Luís VII, ao cruzar a Ásia Menor (Turquia), liderando a que é reconhecida como a Segunda Cruzada, permitiu que seus soldados se dividissem, indo uma parte pernoitar em Cadmos. Soldados turcos os surpreenderam e infligiram-lhes uma pesada derrota. Depois desse desastre militar o rei decidiu entregar o comando das tropas a Evérard de Barres, mestre da Ordem do Templo, que já estava estabelecida em Jerusalém desde 1118. A ordem do rei a seus soldados é que seguissem a disciplina dos cavaleiros templários, que eram treinados militarmente de acordo com sua "Regra do Templo".

Entre as normas estava a de o soldado "guardar sempre seu posto com toda a precaução e toda a prudência imagináveis". Mas recomendava a ele lançar-se "sobre os contrários como se as tropas inimigas fossem rebanhos de ovelhas e, mesmo estando com muito poucos, não temer". A ordem era munir-se interiormente com a fé e exteriormente com os melhores cavalos de guerra.

De início, logo após a conquista de Jerusalém, os cavaleiros templários tiveram de enfrentar os turcos ao norte de Alepo e em 1125 conseguiram uma grande vitória na Batalha de Azaz, afastando os inimigos. A grande derrota, porém, ocorreu frente ao exército de Saladino, em 1187, na Batalha de Hattin. Nesta, o Sultão Saladino degolou o chefe militar de Raimundo de Trípoli, que antes era seu aliado e tinha decidido juntar-se a Guido de Lusignan, rei de Jerusalém. A este, Saladino tornou prisioneiro. Em poucos meses derrotou por completo os destacamentos do Reino Latino de Jerusalém.

Tempos depois, em 1192, os templários, liderados pelo Rei Ricardo Coração de Leão, da Inglaterra, obtiveram sucessivas vitórias na condução da Cruzada, mas era muito tarde. Embora tenha retomado algumas cidades, como Acre, na Síria, e derrotado Saladino na Batalha de Arsuf, em 1191, e na Batalha de Jaffa, em 1192, não recuperou Jerusalém. O reino latino manteve-se por mais um século tendo Acre como capital, mas era muito pouco perto do que tinha sido anos antes.

Com o fim do reino latino, os cavaleiros templários perderam o apoio dos poderosos da época. Ao iniciar-se a fase da Inquisição, passaram a sofrer forte perseguição, e muitos foram queimados na fogueira. Sua cerimônia secreta de iniciação passou a ser alvo de suspeitas e ataques. Em 1312 o Papa Clemente V decretou a dissolução oficial daquela organização. O grande líder templário Jacques de Molay foi sentenciado e queimado na fogueira em 1314.

Sem a chancela oficial da Santa Sé, os templários continuaram sua existência de modo disfarçado. Há histórias que relacionam a expedição de Colombo em 1492 e a expedição de Cabral em 1500 ao empenho dos templários. E ainda circulou uma espécie de lenda de que eles guardaram um tesouro valiosíssimo, que ainda está por ser descoberto. Fora da Igreja Católica, terão sido eles os fundadores da maçonaria? Que aconteceu à frota de templários que fugiu da França em 1307 e desapareceu? É sabido que os templários tiveram forte participação nas lutas da Reconquista da Península Ibérica, tendo inclusive recebido grandes porções de terra em Sevilha, no século XIII. O que terá acontecido a esses guerreiros na Espanha depois da dissolução de sua ordem?

Qual será a verdade sobre essas histórias? Temos de esperar.

X – *Pergaminhos do Mar Morto*. Dos Manuscritos do Mar Morto, ou Pergaminhos de Qumran, os primeiros rolos foram encontrados por acaso em 1946 às margens do Mar Morto, por pastores da região, perto das ruínas de Qumran, Jordânia. Ao longo de dez anos novas descobertas foram feitas, formando uma coleção de 972 documentos, que datam de 250 a.C. A 66 d.C., época dos conflitos que levaram à destruição do Segundo Templo e à diáspora do ano 70. Alguns dos textos estão em grego, mas a quase totalidade está escrito em aramaico e em hebraico.

Muitos estudiosos atribuem os textos dos pergaminhos de Qumran à seita dos essênios, um grupo judaico que se desenvolveu naquela região e que teve como um de seus seguidores, segundo alguns pesquisadores, o Profeta João Batista.

Segundo matéria publicada na BBC History, já se identificou nos manuscritos o nome de um escriba que teve o papel de corrigir originais de outros escritores, mas não há ainda pistas sobre quais teriam sido os autores primários daqueles pergaminhos.

Os trechos já decifrados incluem um calendário de 364 dias, informações sobre celebrações de novo trigo, novo vinho e novo óleo, e também o nome do festival da troca de estações, quatro vezes ao ano: *tekufah*, palavra que no hebraico atual significa "período", ainda segundo a revista.

Falta, portanto, desvendar o que diz a maior parte dos escritos e quem os escreveu.

XI – *Stonehendge*. Mais um mistério de Wiltshire, Inglaterra, situado 13 quilômetros ao norte de Salisbury, o Complexo de Stonehendge é um conjunto de blocos de pedras em forma de prismas retangulares distribuídos em quatro circunferências concêntricas.

As medições de idade situam sua construção entre 3.100 a.C. E 2.000 a.C. Em 1986, junto com Averbury e outros sítios arqueológicos das imediações, o Complexo de Stonehendge foi proclamado Patrimônio da Humanidade, pela Unesco.

Chama a atenção de matemáticos e arquitetos o fato de a proporção áurea encontrar-se presente tanto nas dimensões dos retângulos das faces dos blocos como na disposição deles no solo (a proporção áurea é o valor **a** tal que **a** está para 1-**a** assim como 1-**a** está para 1, resultando na aproximação **a** = 0,618, ou a = 61,8%, sendo **a** o tamanho de uma secção de um segmento de medida 1 - muitos consideram que o número áureo é 1+**a**, ou 1,618 aproximado).

Segundo a revista National Geographic de maio de 2008, cerca de 300 esqueletos humanos foram encontrados no local, mas esses corpos, pertencentes aos indivíduos dos primórdios do monumento, eram queimados antes do sepultamento, o que tem dificultado a obtenção de mais informações.

Iniciado em 2003, o Projeto Stonehendge Riverside, de estudos arqueológicos, da Universidade de Sheffield, descobriu muito perto do complexo uma vila de mil casas, que, pelo que os estudiosos apuraram, não funcionava como habitação regular, mas era apenas usada em certas épocas do ano.

As especulações sobre o objetivo da construção do complexo divide-se em fins de culto religioso e fins de observações astronômicas. O futuro dirá onde está a verdade, se formos capazes disso.

XII – *Evangelho de Judas*. Quando o bispo Jerônimo de Estridão reuniu-se com seus auxiliares para escolher os evangelhos que fariam parte do Novo Testamento da Bíblia, contam que ele tinha à disposição mais de cem textos de autores distintos, tendo optado, depois de muito estudo, pelos quatro que passaram a ser considerados os Evangelhos Canônicos, Mateus, Marcos, Lucas e João. Os demais, mais confiáveis uns e menos confiáveis outros, tornaram-se textos apócrifos, na visão da Igreja Católica. Vários fatos contados sobre o século I e o século precedente, aceitos pela Igreja Católica, não estão na Bíblia, como é o caso do dogma da Assunção de Maria. São relatos obtidos naqueles evangelhos não canônicos. Mas certo número deles não trazia nada de aproveitável.

Um desses evangelhos apócrifos a que os cristãos daqueles primeiros séculos faziam referência era um escrito por Judas Iscariotes, que era usado por cristãos gnósticos (os cristãos místicos dos primeiros séculos do cristianismo) que cultuavam a figura de Caim.

Era considerado um texto perdido e irrecuperável – e o original talvez o seja -, até que em 1978 foi encontrada por camponeses do Egito uma cópia traduzida do grego para língua copta. Pelas datações do carbono-14, o papiro foi escrito entre os anos de 220 e 340.

Em 2006, a *National Geographic Society* publicou finalmente o texto restaurado e traduzido para o inglês. A parte do documento referente ao que se diz ser o Evangelho de Judas resultou numa tradução equivalente a sete páginas. Pelo que conta esse texto, Judas Iscariotes, não João, era o discípulo favorito de Jesus, e só o delatou às autoridades para cumprir o desejo e a ordem de seu mestre. O relato termina quando Judas denuncia ao sinédrio o paradeiro de Jesus.

No ano seguinte uma teóloga da Universidade Rice, April D. DeConick, discordou dessa leitura, alegando erros na tradução. Mas em março de 2008, Marvin Meyer, um dos tradutores da National Geographic, mostrou que DeConick estava equivocada.

Muitos creem que o original grego do Evagelho de Judas foi escrito pelo próprio Judas Iscariotes. Mas o bispo Irineu de Lion, que foi investido na diocede de Lion no ano 189 e escreveu o livro "Contra as Heresias", fez menção à seita dos cainitas, que tentavam reabilitar personagens amaldiçoados, como Caim, Esaú e o próprio Judas. Segundo o bispo, os cainitas tinham produzido um livro fictício ao estilo de um "Evangelho de Judas". Disse Irineu que o idealizador desse trabalho foi o mago Simão, a quem Pedro repele, nos Atos dos Apóstolos, por ter tentado comprar dos apóstolos o poder de fazer milagres.

Estará correto o bispo Irineu? Quem escreveu de fato o original do Evangelho de Judas? O próprio Judas, ou seguidores da seita dos cainitas? A chance de ter sido Judas Iscariotes é muito pequena, mas não é nula. Configura-se em mais um mistério a ser desvendado.

XIII – *Guerra de Troia*. Desde 1870, quando arqueólogos alemães escavaram uma cidade que se localizava na área do litoral turco, a sudoeste do Bósforo, onde os gregos antigos diziam ter existido Troia, o mistério sobre se os troianos foram ou não invenção de Homero foi desfeito. Uma das divisões do sítio, Troia VII-A, parece ter sido destruída por guerra entre os anos de 1200 a 1180 a.C. Eratóstenes, o grande bibliotecário de Alexandria, havia estimado o período da guerra entre 1194 e 1184 a.C., enquanto que Heródoto defendeu que o início do conflito deu-se em 1250 a.C.

A descrição da guerra entre gregos e troianos está no poema "A Ilíada", de Homero. Embora Heródoto e outros historiadores e filósofos da Antiguidade dessem crédito ao relato, tendo-o como histórico, tal não se confirmava na historiografia moderna, que exige alguma documentação de época.

Com a descoberta arqueológica, grande parte do "ritual" tem sido cumprido. Tenha tido ou não o nome de Troia, a cidade existiu. Resta agora saber se são históricos o prólogo, a trama e o epílogo da guerra.

Longe ainda da preocupação de separar religião e política nas crônicas, o caso contado por Homero está completamente integrado à mitologia.

Éris, ao contrário de outras deusas, não foi convidada às bodas de Peleu e Tétis. Ela decidiu aparecer lá de surpresa e deixou sobre a mesa uma maçã de ouro, em que estava escrita a palavra *kallisti*, que queria dizer "à mais bela". As deusas Hera, Palas Atena e Afrodite disputaram o presente, num embate que parecia sem solução. Zeus então nomeou o príncipe Páris como árbitro.

Páris, da casa real de Troia, havia sido criado no campo, como pastor, porque uma velha profecia dizia que ele seria responsável pela queda do reino. Afastado da corte, aparentemente contornaria o risco.

Antes que Páris desse o veredito, as três deusas trataram de suborná-lo. Hera prometeu a ele todo o poder político. Palas Atena disse que lhe garantiria vitória na guerra. Afrodite prometeu a que lhe daria Helena, princesa de Esparta.

Leda, mãe de Helena, era a esposa do Rei Tíndaro, e tinha quatro filhos. Um deles era resultado da célebre relação com Zeus, quando este desceu em forma de cisne para seduzi-la. Segundo Homero, Helena é que era a filha de Zeus.

Tíndaro vinha descartando todos os pretendentes à mão de Helena, por medo de que ao optar por um tivesse de enfrentar a animosidade dos outros. Ulisses (ou Odisseu), príncipe de Ítaca, finalmente deu uma garantia ao rei: quem quer que fosse o escolhido, este teria o apoio de todos os reinos aliados. Confiante, Tíndaro escolheu Menelau, que já era da famíla, por ser cunhado da irmã de Helena, Clitemnestra, esposa de seu irmão Agamenon, rei de Micenas.

Páris, nessa altura, foi enviado a Esparta em missão diplomática. Ao mesmo tempo, Menelau viajou a Creta, para o funeral do avô. Com ajuda de Afrodite, Páris raptou Helena, seduzindo-a e levando-a para Troia, em longa travessia pelo Mar Egeu.

Tíndaro convocou os monarcas aliados para que resgatassem Helena. Ulisses fingiu-se de louco e foi para o campo trabalhar com um arado, mas Palamedes se adiantou e pôs Telêmaco, filho de Ulisses, a manejar o arado. Ulisses se deu por vencido e aceitou entrar na guerra. Mas antes foi à procura de Aquiles, filho de Tétis.

Tétis sabia que Aquiles morreria se fosse guerrear em Troia. Por isso vestiu-o de mulher e o introduziu na corte do Rei Licomedes. Nesses dias Aquiles teve um caso com a filha do rei, Deidamia, e disso resultou um filho, Neoptólemo. Ulisses não tardou a descobrir o paradeiro e o disfarce de Aquiles. Este foi convencido a ir para a guerra.

Depois de muitas peripécias pelo mar, incluindo chegada a portos imprevistos, acidentes e perdas de lideranças, os gregos chegaram a Troia. Uma embaixada tendo à frente Ulisses e Menelau foi negociar com as autoridades, exigindo a devolução de Helena, para que a paz fosse mantida entre os aqueus e os troianos. Eles não só tiveram o pedido negado como foram ameaçados de morte. Foram salvos por um troiano de nome Antenor, que intercedeu em favor deles.

Durante nove anos os gregos sitiaram Troia. Num dos muitos saques, Agamenon pegou como escrava Criseida, que era filha de Crises, sacerdote de Apolo. Quando Crises tentou pagar o resgate, foi humilhado e maltratado. Pediu a Apolo que castigasse o exército invasor e então uma praga desceu sobre os aqueus.

Um oráculo, que teve Aquiles como o garantidor, afirmou que os gregos só se livrariam da praga se Agamenon devolvesse Criseida ao pai. Agamenon devolveu-a, mas, tomou para si Briseida, que era a concubina de Aquiles. Por isso, Aquiles decidiu parar de guerrear e ainda pediu a Tétis, sua mãe, que passasse a favorecer os troianos, contra os gregos.

À exceção de Ajax, todos os chefes gregos no cerco foram feridos. Heitor, chefiando os homens de Troia, avançou sem parar sobre as formações gregas, inclusive queimando navios. Foi então que Aquiles permitiu que seu companheiro Pátroclo vestisse sua armadura e liderasse as tropas gregas contra Heitor. Heitor conseguiu derrotar Pátroclo e ainda tomou sua armadura.

Quando soube do ocorrido, Aquiles voltou atrás em sua decisão de não mais lutar, e foi à batalha em busca de Heitor. Matou o militar troiano e atou o corpo dele ao carro, dando três voltas em torno das muralhas da cidade com o corpo de seu inimigo sendo arrastado.

Aquiles derrotou vários exércitos que vieram em socorro dos troianos, incluindo o da amazona Pentesileia. Mas Páris, guiado por Apolo, ou o próprio Apolo em algumas versões, acertou com uma flecha o lugar vulnerável do corpo de Aquiles, que era o calcanhar. Quando ele nasceu, como se sabe, Tétis mergulhou-o nas águas da imortalidade do Rio Estige, mas segurou-o pelo calcanhar, que não se molhou. Esta era a parte frágil do semideus.

Ajax e Ulisses disputaram a armadura de Aquiles e Ulisses saiu vencedor. Ajax quis vingar-se, mas Palas Atena enlouqueceu-o e ele começou a matar o gado no campo, achando que matava soldados. Quando recobrou a razão, suicidou-se, angustiado.

O oráculo revelou que Troia só cairia se os gregos trouxessem as flechas de Hércules, que estavam em poder de Filoctetes, em Lemnos. Foram buscar Filoctetes e em pouco tempo mataram Páris, usando essas flechas.

O oráculo também revelou que Heleno, o adivinho, que havia disputado Helena com Deifobo, após a morte de Páris, e retirou-se para o Monte Ida ao perder a disputa, é que tinha os segredos da proteção de Troia. Os gregos capturaram Heleno e este foi obrigado a revelar como Troia poderia ser derrubada. Ele disse que os gregos tinham de trazer os ossos de Pélope, que roubassem a estátua troiana de Palas Atena, o chamado Paládio, e que trouxessem Neoptólemo, o ilho de Aquiles, para lutar. Tudo isso foi feito.

No décimo ano do cerco, os gregos construíram o célebre Cavalo de Troia, uma estátua oca de um cavalo, que foi lotado de soldados, tendo Ulisses como líder. O restante deu sinal de retirada, pelo mar. Um espião espalhou na cidade que os gregos tinham deixado o cavalo como presente. Laocoonte e Cassandra alertaram os troianos, mas não lhes deram ouvidos. Levaram o cavalo para dentro das muralhas e se embriagaram à vontade noite adentro. Quando foram dormir, os gregos saíram do cavalo e massacraram os troianos. Menelau matou Deifobo e resgatou sua esposa Helena, enquanto que Neoptólemo matou o Rei Príamo e depois levou consigo a esposa de Heitor, Andrômaca, enquanto que Agamenon levou Cassandra. Hécuba, a rainha, fez parte do butim, levado por Ulisses.

Independentemente de quais foram os acréscimos fantasiosos, ou as alterações frente à história real, o que é indiscutível é o engenho de Homero, que legou à cultura ocidental um dos relatos mais bem construídos de todos os tempos.

Mas o que é histórico nessa década duríssima? Houve mesmo o rapto de Helena? Esse rapto foi mesmo a causa da guerra? São perguntas que estão esperando respostas.

XIV – *Últimos dinossauros*. Acreditava-se que o que provocou a Cratera Chicxulub, no Golfo do México, há 65 milhões de anos, foi a queda de um meteoro gigante. Mas um grupo de cientistas, do Darmouth College, segundo matéria da BBC News de março de 2013, passou a defender que o que realmente caiu lá foi um corpo menor e mais veloz, e que deve ter sido um cometa. A dedução veio como uma forma de explicar a imensa quantidade de irídio e ósmio liberada naquela colisão.

Outra equipe de investigação, da Universidade de Aberdeen,

tinha sugerido em 2010 que, em lugar de um bólido naquela colisão, o que ocorreu foi uma chuva de meteoros. Isso foi constatado pela análise de outras crateras, formadas no mesmo período.

Antigas teorias que defendiam a morte dos dinossauros a grandes erupções vulcânicas foram abandonadas, por não apresentarem consistência.

Meteoro gigante, chuva de meteoros ou núcleo de cometa, o que mais importa nesse episódio é a extinção dos dinossauros, que, por ter ocorrido naquela época, tem, segundo a explicação mais aceita pela academia na atualidade, relação causal com esse impacto de astros celestes no período cretáceo.

Não há dúvida de que o choque do meteoro, ou dos meteoros, causou uma mudança drástica no modo de vida do cretáceo. Mas há outras possibilidades para o desaparecimento dos lagartos gigantes. Uma delas vem da teoria da regressão, de Francis Galton, sobrinho de Charles Darwin. Segundo Galton, a tendência natural é pela mediocridade, isto é, pela medianização. Nas mais variadas espécies, segmentos muito grandes ou segmentos muito pequenos tendem a sair de cena, dando lugar à prevalência dos medianos. Assim, temos ainda lagartos pequenos, como as lagartixas e os camaleões, temos os de tamanho um pouco maior, como as iguanas, e aqueles de porte médio, que são os jacarés e os crocodilos. Os de porte muito graúdo cairiam, com meteoro ou sem meteoro.

Essa mesma relação de tamanho ocorre com os dinossauros alados.

Também no gênero humano é sabido que no início havia tribos de gigantes, assim como tribos de pigmeus minúsculos. Esses dois extremos foram sendo encolhidos pela evolução.

Assim, continua o enigma. Os grandalhões foram mesmo extintos com a queda do grande meteoro? Se sim, por que sobreviveram os lagartos medianos? Um dia a humanidade saberá.

XV – *Lenda do Rei Artur*. Esta não é uma história da Antiguidade, mas dos tempos da era cristã, na Alta Idade Média. Assim, muito do que é contado sobre o Rei Artur da Grã-Bretanha deve ser verdadeiro. O problema é que nas ilhas britânicas daquela época havia adivinhos e feiticeiros poderosos, gente fazendo poções mágicas e tendo papel importante nas cortes. Em lugar dos deuses do Olimpo das histórias de Homero, tínhamos agora personagens mortais, porém, ainda dotadas de poderes excepcionais, pelo menos na tradição dos relatos.

Assim é que a história do Rei Artur mantém-se ainda hoje coberta por espessas névoas de mistério.

Depois da Queda do Império Romano, em 476, a Inglaterra, que vinha sendo pouco a pouco integrada à cultura latina, não pôde mais contar com a autoridade de Roma para arbitrar as grandes disputas que ocorriam entre seus mandatários. Guerras por conquistas territoriais recrudesceram.

No fim daquele século V, o Rei Uther, da Inglaterra, tentou um pacto de paz com o duque da Cornualha. Convidou o duque e a esposa deste para uma festa em seu palácio, onde dariam início às conversações com vistas ao estabelecimento de um acordo. As artes do imponderável fizeram com que Uther se encantasse de modo indisfarçável pela duquesa Ingraine. Percebendo a situação vexaminosa, Ingraine pediu ao marido que voltassem imediatamente à Cornualha.

Uther caiu doente, e como não se restabelecia, chamou Merlin, o mago da corte, para que ele encontrasse alguma solução. Merlin disse ao rei que a única doença que ele tinha era o "mal de amor", e que ele, Merlin, poderia ajudá-lo a conquistar a duquesa, mas com a condição de que o filho que nascesse desse romance fosse entregue a ele para criar, porque um grande destino estaria reservado a ele se as coisas ocorressem daquela maneira. Uther não pensou duas vezes para aceitar a proposta. Levantou-se, armou-se para a guerra e foi com seu exército ao encalço do duque. Na batalha, o duque foi morto. Os vencedores convenceram Ingraine a aceitar o rei como seu noivo. Dias depois casaram-se no palácio e em pouco tempo ela engravidou.

Assim que nasceu o menino, Merlin foi buscá-lo, e o rei cumpriu a palavra. Merlin não tinha como cuidar da criança e entregou-a a Sir Hector, um cortesão que batizou o garoto com o nome de Artur e criou-o sem saber de sua origem real.

Quando Artur completou dois anos, o rei morreu, e a ilha entrou em convulsão política novamente, com guerras atrás de guerras. Anos depois, numa reunião de Merlin com o arcebispo de Canterbury e os grandes nobres da corte, Merlin disse a todos que a solução para o reino viria de um sinal dado por Jesus Cristo, que apontaria claramente quem seria o novo rei a pacificar aquelas terras.

Naquela semana populares notaram que surgiu no cemitério uma espada cravada numa rocha. Na lâmina da espada havia uma inscrição: "Quem conseguir me tirar desta pedra será rei da Bretanha, por direito de nascimento". Os nobres cansaram-se de tentar arrancar a espada, sem nenhum sucesso.

Para os torneios anuais de espadachim, decidiram que os participantes tinham a incumbência de tentar tirar a espada milagrosa. Num desses torneios, quando Artur tinha 15 anos, Seu pai adotivo, Hector, estava para entrar no jogo, assim como Sir Kay, filho mais velho e irmão de criação de Artur. Kay notou que não tinha levado a espada, e pediu a Artur que fosse buscá-la em casa. Artur foi, mas não encontrou a arma. Foi quando se lembrou que havia uma espada enfiada na pedra do cemitério. Correu lá, arrancou a peça e foi entregá-la a Kay. Este reconheceu a arma e contou ao pai. Hector chamou então os filhos e foram para o cemitério. Lá pediu a Artur que recolocasse a espada na pedra. Ele a repôs facilmente lá. Hector pediu que a retirasse, e Artur assim o fez. Então Hector e Kay caíram de joelhos frente a Artur e, ante a surpresa deste, o pai explicou que ele seria o grande rei que a Inglaterra esperava.

Quando o arcebispo foi avisado, este fez questão de chamar os nobres da corte e levá-los ao cemitério, onde Artur recolocou a espada na pedra. Um por um os nobres foram tentando retirá-la, sem sucesso. Artur, que tinha ficado como último, arrancou a espada da pedra na frente de todos. Artur foi proclamado oficialmente como rei e a espada foi depositada no altar-mor da Catedral de Canterbury.

Dias depois, passeando por um bosque Artur viu um velhinho sendo atacado por um bando de malfeitores. Artur se aproximou e os rapazes saíram correndo. O velhinho era Merlin, que agradeceu a Artur e prometeu: "Eu vou salvar tua vida". Artur não entendeu, mas enquanto iam caminhando e conversando, apareceu um valentão dizendo que ninguém passaria por aquela estrada sem lutar com ele. Artur não titubeou e entrou em luta com o homem. Este era mais forte e mais hábil, e dominou Artur. Merlin lançou um feitiço e adormeceu o sujeito. Foi embora dali com Artur, mas este notou que deixou a espada lá, com o valentão. Merlin então levou-o a um lago onde apareceu ao longe um braço segurando uma espada. Veio uma mulher numa balsa e Merlin disse a Artur que ela era a "Dama do Lago", e que Artur pedisse a ela para conseguir a espada para ele. Ela cedeu ao pedido, mas impôs como condição que Artur satisfizesse um desejo dela, o qual seria revelado em seguida. Ela emprestou-lhe a balsa e ele foi até o braço e pegou a arma. Esta espada também tinha inscrições na lâmina. Dizia: "Excalibur". Embaixo estava: "Toma-me". E finalmente: "Lança-me longe". Ali estava o desejo da "Dama do Lago", mas era difícil entendê-lo.

Iniciando um bom reinado e pacificando o país, logo Artur viu-se respeitado por todos. Alguns anos depois chamou Merlin e confessou que ficou encantado com a filha do rei de Cameliard, numa visita que fez àquele país. Queria casar-se com ela. Merlin reuniu diplomatas e foi até o Rei Legradance levar a proposta de Artur, de casar-se com a princesa Guinevere (ou Genebra). O rei ficou maravilhado. Além de aceitar o casamento, mandou de presente a Artur a mesa redonda (*tabula rotunda*, ou távola redonda), que ele havia ganho de Uther, e que cabia 150 cavaleiros sentados à volta.

Na volta da comitiva, Artur pediu a seu cavaleiro de confiança, Sir Lancelot, que fosse receber Merlin e os demais na estrada. Quando Lancelot pôs os olhos em Guinevere, sentiu a paixão queimar-lhe o peito, no que foi correspondido. Pela lealdade ao Rei Artur, calaram-se.

Artur determinou que só os melhores entre seus cavaleiros poderiam sentar-se em torno da távola redonda. Eles teriam de possuir reputação ilibada, sem nenhum histórico de crime ou desonestidade. Na primeira reunião em torno da mesa, fizeram reverência ao rei, seguindo orientação de Merlin, e logo notaram três cadeiras vazias. Merlin explicou que em duas delas estariam sentados os dois melhores cavaleiros de cada ano. Na terceira, só poderia sentar-se o homem mais digno do mundo. Se alguém se sentasse lá indevidamente, morreria no ato.

Tudo ia bem até que anos depois surgiu um grande sábio no palácio. Diante da mesa ele apontou a "cadeira proibida" e disse que havia sido visitado pelo espírito de Merlin, que lhe contou que só o mais digno dos homens poderia sentar-se ali. Contou ainda que se trata do homem que conseguirá trazer o Santo Graal, o cálice em que José de Arimateia guardou o sangue de Jesus. E concluiu: "Este homem ainda não nasceu".

Vinte anos depois de criada a Ordem da Távola Redonda, visitou o palácio a filha do cavaleiro Pelle, Elaine de Corbenic, acompanhada do garoto Galahad, que era fruto de um romance que ela havia tido com Lancelot. Quando entraram no salão da távola, surgiu de imediato uma inscrição na cadeira proibida: "Este assento será ocupado"

Quando o menino fez 15 anos, pediu ao pai, Lancelot, que permitisse sua entrada na Ordem. O pai concordou. Ocorreu que num lago próximo surgiu uma espada também cravada numa pedra. Artur pediu a Gawain e a Lancelot que tentassem removê-la. Não conseguiram. Mas Galahad retirou-a com facilidade. Na primeira reunião na távola, naquele mesmo dia, Galahad entrou acompanhado de um ancião que lhe apontou a cadeira proibida. Os outros cavaleiros viram que apareceu sobre a cadeira o nome Galahad, em letras de ouro. O jovem sentou-se ali e os outros cavaleiros lhe renderam honras.

Certo dia, depois do torneio de espadachim, os cavaleiros sentaram em volta da távola e logo foram surpreendidos com trovões e relâmpagos. Um relâmpago atingiu o centro da mesa e mostrou a eles a visão do Santo Graal. Sir Gawain levantou-se e fez um discurso, avisando que no dia seguinte sairia em busca daquela relíquia, e que não voltaria enquanto não a encontrasse. Os outros cavaleiros repetiram o gesto.

Os cavaleiros foram partindo e tanto Guinevere quanto Artur e Lancelot sabiam que poucos deles voltariam com vida a Camelot, e que a Ordem da Távola Redonda estava chegando a seu fim.

De fato, a maioria morreu nas aventuras que se sucederam. Os mais valorosos e resistentes foram Sir Galahad, Sir Percival e Sir Bors. Certo dia os três se encontraram numa estrada. Foram a um castelo próximo para pedir para pernoitar. Ali jantaram e quando estavam dormindo tiveram uma visão. Nela estava o Santo Graal cercado por anjos e por um ancião. Este disse a Galahad que os três deveriam ir à Ilha de Sarras, para lá ver coisa melhor. Disse também que só um dos três voltaria a Camelot.

Quando chegaram a Sarras, o rei dessa Cidade-Estado não gostou do que ouviu, e mandou prender os três, que passaram um ano na masmorra, até a morte do rei. Tinham, porém, em mãos o Santo Graal. Foram libertados pelos súditos da ilha, que escolheram Galahad como novo soberano.

Um ano mais tarde, Sir Galahad teve uma visão, na qual aparecia um velho bispo que rezava uma missa diante do Santo Graal. O bispo disse algum segredo a Galahad, e seus dois amigos Lancelot e Bors viram seu rosto iluminado, com a alegria de ter tido acesso a um conhecimento superior. Sir Galahad caiu morto, e os amigos viram seu espírito subir ao céu, cercado por anjos. O Santo Graal também desapareceu naquele momento.

Sir Percival passou mais um ano nas redondezas, levando uma vida de asceta, rezando e esperando o próprio fim, até que também faleceu. Sir Bors então decidiu voltar a Camelot e contar a Artur e Guinevere tudo o que se passou com os três.

Sem os cavaleiros que antes sustentavam o reino, o poder de Artur desvaneceu-se. A derrocada veio quando Sir Mordred e Agravine arquitetaram um golpe de Estado. Antes, dividiram a população por espalhar a informação de que Sir Lancelot e Guinevere mantinham um caso. Numa mesma noite Lancelot matou treze dos golpistas, incluindo Agravine. Mordred exigiu de Artur que tomasse providências contra Lancelot, que vinha traindo, mantendo relações com a rainha.

Os partidário de Mordred queriam queimar Guinevere na fogueira, e lancelot teve de intervir para salvá-la. Numa das lutas contra os golpistas o rei caiu ao chão e Sir Bors, que apoiava Lancelot, saltou sobre ele. Perguntou a Lancelot se deveria matar o rei, mas Lancelot disse que não. Pelo contrário, entregou a rainha, que ele sempre amou, até então em doloroso segredo, nas mãos do rei. Decidiu exilar-se na França.

Mordred espalhou a falsa notícia de que Artur tinha morrido, e fez coroar-se rei.

Artur e seu sobrinho Gawain decidiram reunir o exército e lançar-se contra os homens de Mordred. Gawain morreu já no começo, e em seus momentos finais percebeu que cometera um grande erro ao não desconfiar das intenções de Mordred. Teve tempo de escrever a Lancelot, pedindo-lhe que voltasse para ajudar Artur. Depois de várias batalhas, Artur sonhou que Gawain lhe contava que só com a ajuda de Lancelot ele poderia recuperar o trono.

Propôs uma trégua a Mordred, para ganhar tempo e esperar por Lancelot. Tudo ia bem, até que certo dia uma serpente mordeu a perna do cavalo de um dos soldados. Este desembainhou a espada para matar a serpente, mas o gesto foi entendido pelos homens de Mordred como o reinício da luta. Nessa nova batalha Artur conseguiu matar Mordred, com a Excalibur, mas caiu sobre a espada do golpista e viu que a morte lhe estava próxima.

Lembrou-se da última inscrição de sua espada e então pediu a seu auxiliar Sir Bevidere que levasse a Excalibur e atirasse longe, no lago. Bevidere enganou Artur, escondendo a espada e dizendo que cumpriu a ordem. Artur perguntou o que aconteceu no lago e Bevidere disse que a espada afundou na água. "Mentiroso", disse Artur, e exigiu que a ordem fosse cumprida. Depois de mais uma tentativa de enganar o rei moribundo, Bevidere finalmente foi ao lago e atirou a espada com força. Na volta ele contou que um braço surgiu e levou a espada. Artur pediu que ele o levasse até o lago. Ao chegar lá, estava na margem uma balsa esperando por ele, com três rainhas vestidas de luto. Bevidere depositou o corpo de Artur na balsa e as três rainhas o levaram.

Nunca se soube onde foi parar o corpo do Rei Artur.

XVI – *Tumba de Cleópatra*. Os 15 casos contados acima correspondem aos 15 livros da coleção dos mistérios do Grupo Clarín. Não estão em ordem cronológica, e não sabemos que critério o editor usou para estabelecer esta sequência. A partir de agora passamos a olhar rapidamente os mistérios especiais trazidos pela BBC History, começando pelo enigma da localização do corpo da Rainha Cleópatra.

No dia 15 de março de 44 a.C., como sabemos, Júlio César foi assassinado por uma conjuração republicana, revoltada com a decisão do cônsul de tornar-se ditador vitalício.

Seguiu-se o Segundo Triunvirato, com Marco Antônio, Otávio César e Marco Emílio Lépido, que tomou posse em novembro de 43 a.C. (o Primeiro Triunvirato, entre Pompeu, Júlio César e Marco Crasso, tinha durado de 60 a.C. a 53 a.C.).

Esse Segundo Triunvirato, que durou cinco anos, buscou manter o projeto de expansão da República Romana que já vinha sendo posta em prática por Júlio César. Entre as possessões visadas estavam o Egito de Cleópatra, filha e herdeira de Ptolomeu XII Auletes.

Antes do reinado de Cleópatra os romanos já controlavam o Egito dentro de sua zona de influência desde o ano de 81 a.C., quando morreu o imperador Ptolomeu IX. A sucessora oficial seria

Berenice III, mas os cortesãos recusaram-se a aceitar uma mulher como monarca. Silas, ditador romano, viu uma oportunidade de interferir e montou um arranjo para que Berenice se casasse com o primo Prolomeu XI Alexandre II e compartilhasse com ele o ofício de reinar.

Poucos meses depois, em 80 a.C., Ptolomeu XI matou Berenice III. Revoltados, os habitantes de Alexandria lincharam o imperador. Sem condições de acalmar a multidão, Ptolomeu IX, tio de Ptolomeu XI, com outros parentes, transferiu a sede do reino ptolomaico para a cidade de Roma, para se valer da proteção de Silas. Este preferiu usar a técnica do "dividir e conquistar", e então separou o reino ptolomaico de Alexandria em dois países, entregues aos filhos ilegítimos de Ptolomeu XI. Ptolomeu de Chipre ficou com a área de Chipre e Ptolomeu XII Auletes ficou com o Egito.

Em 69 a.C. nasceu Cleópatra, no palácio de Alexandria, mas não se sabe ao certo se sua mãe era Cleópatra III Trifena, esposa oficial de Prolomeu XI, pois naquela fase do nascimento da princesa o nome da rainha deixou de constar dos registros da corte. A irmã mais velha de Cleópatra, Berenice IV, é filha de Trifena, mas os três irmãos mais novos, que são a princesa Arsínoe IV e os príncipes Prolomeu XIII e Ptolomeu XIV, têm outras mães.

Cleópatra teve como preceptor o orador sofista Filóstrato, de quem aprendeu filosofia grega. Mais tarde estudou no Museu de Alexandria, a grande academia do Egito. Foi a primeira pessoa entre os monarcas de Alexandria a dominar, não só o grego helenístico, mas a língua egípcia da época. Além dessas duas línguas ela falava também latim, aramaico, troglodita, árabe, parto, medo e sírio.

Em 58 a.C. uma revolta popular fez com que Ptolomeu XII buscasse abrigo em Roma, levando Cleópatra junto. Berenice IV aproveitou o vácuo de poder e subiu ao trono. Quatro anos depois ele voltou ao Egito, amparado por um séquito de soldados romanos. O trono voltou a suas mãos, pois Berenice foi assassinada.

A morte de Ptolomeu XII deu-se em 51 a.C. Cleópatra então subiu ao trono, mas dividindo o poder com o irmão Ptolomeu XIII. As desavenças entre ambos logo resultaram em longa guerra civil.

Na Segunda Guerra Civil Romana, iniciada em 49 a.C.,

Pompeu,.que liderava a oposição no Senado contra Júlio César, foi derrotado por este na Batalha de Farsália, em 48 a.C., e buscou refúgio no Egito. À caça de seu inimigo, Júlio César invadiu Alexandria. Ptolomeu XIII então ordenou a captura e a morte de Pompeu, no que foi obedecido. Seu próprio tutor, Potino o Eunuco, decapitou Pompeu e trouxe a cabeça para mostrar a César. Este, vendo-se satisfeito, tratou de montar um acordo de conciliação entre Ptolomeu XIII e sua irmã Cleópatra.

Potino desconfiou das intenções de Júlio César e, com seus homens, manteve o cônsul e Cleópatra sob cerco. No início de 47 a.C. chegaram reforços de Roma e Cleópatra e César foram liberados. Meses depois Ptolomeu XIII morreu na Batalha do Nilo, e sua irmã e aliada Arsínoe IV fugiu para Éfeso.

Quando Júlio César, em Roma, soube do fim de Ptolomeu XIII, declarou que reconhecia Cleópatra como imperatriz do Egito, tendo como regente seu irmão Ptolomeu XIV. Em viagens que fez a Roma, Cleópatra, hospedada por Júlio César, engravidou-se dele. O filho foi chamado Cesarion.

Quando Júlio César foi assassinado, Cleópatra fez campanha para fazer de Cesarion o herdeiro oficial do ditador, mas Otávio César, sobrinho-neto de Júlio César, e que integraria o Segundo Triunvirato no ano seguinte, impediu que o plano fosse levado adiante. Tempos depois Cleópatra mandou matar o irmão Ptolomeu XIV e declarou Cesarion seu corregente, com o nome de Ptolomeu XV.

No ano 41 a.C., Cleópatra, que se aliou ao triunvirato na fase da Terceira Guerra Civil, apaixonou-se por um dos triúnviros, Marco Antônio, que era casado com Otávia, irmã de Otávio César. Cleópatra teve três filhos de Marco Antônio: Alexandre Hélio, Cleópatra Selene II e Ptolomeu Filadelfo. Por essa época, Marco Antônio mandou assassinar Arsínoe IV. Em 32 a.C. ele nomeou seus filhos com Cleópatra como príncipes de novas terras que ele havia conquistado, tais como a Pártia, a Média e a Armênia. Nesse mesmo ano ele divorciou-se oficialmente de Otávia, o que enfureceu Otávio César e provocou a Quarta Guerra Civil da República Romana.

Na Batalha de Áccio, em 31 a.C., as tropas de Otávio, comandadas pelo General Agripa, venceram as de Marco Antônio. No mês correspondente a agosto do ano 30 a.C. Alexandria foi dominada pelos homens de Otávio. Marco Antônio vendo-se completamente derrotado, cometeu suicídio. Sabendo disso, Cleópatra também suicidou-se. Diz a lenda que ela se fez picar por uma serpente venenosa.

O Egito passou a ser uma colônia de Roma e encerrou-se ali a dinastia ptolomaica, iniciada quando Alexandre Magno, no leito de morte, no ano 323 a.C., chamou seus generais de confiança para dividir entre eles o império mundial que ele havia conquistado e nomeou Ptolomeu I como imperador do Egito. Foram, portanto, três séculos de cultura helênica independente, até Alexandria cair inteiramente nas mãos de Roma e, mais à frente, no ano 642 d.C., nas mãos dos árabes.

Em 27 a.C. o Senado de Roma nomeou Otávio César como imperador, o primeiro imperador romano, com o nome real de César Augusto. Sob seu reinado nasceu Jesus de Nazaré, que, mesmo não tendo seus feitos reconhecidos ainda pela academia, levou o mundo a um reposicionamento na contagem do calendário juliano.

Mas, enfim, onde está a tumba de Cleópatra? Ninguém sabe, até os dias de hoje, neste início de milênio.

XVII – *Tumbas Kofun*. Entre os grandes mistérios do Oriente destacam-se as Tumbas Kofun, construídas no Japão, entre os séculos II d.C. e VII d.C. O termo *kofun* significa, em japonês, túmulo antigo, que é o que de fato são aquelas obras.

Inicialmente sua forma era circular. Nas tumbas seguintes a forma foi sendo alterada, primeiro para retângulos, depois quadrados. A mais famosa, porém, tem formato de buraco de fechadura.

Sabe-se que as Tumbas Kofun foram feitas para abrigar pessoas muito influentes do país, não apenas os imperadores. O nome deu origem ao chamado Período Kofun, dentro da Era Yamato, que foi uma longa fase em que o poder estava centralizado na Prefeitura de Nara, província de Yamato, e que se extinguiu com a chegada do budismo.

A maior das Tumbas Kofun é a que é dedicada ao Imperador Nintoku, do século V, e localiza-se no setor Daisen do bairro de Sakai-ku, cidade de Sakai, município de Osaka. Ela mede 486 metros de comprimento por 305 metros de largura e 33 metros de altura. Está dentro de uma área de 46 hectares. Por causa da localização, é chamada de Daisenryo' Kofun.

Escavações recentes, de uma equipe da Universidade Tachibana de Quioto, revelaram que essa tumba de Sakai estava recoberta por milhões de pequenas pedras brancas. Os pesquisadores vem avaliando quanto de tempo e esforço foram envolvidos no transporte dessas pedras.

Também construída no século V é a Tumba Kofun que está localizada em Tóquio, chamada Noge-Otsuka. Tumba circular, ela possui 67 metros de diâmetro e 11 metros de altura.

O governo japonês vem demandando da Unesco que declare as Tumbas Kofun como Patrimònio Cultural da Humanidade. A informação de que a maior das tumbas é do Imperador Nintoku é da Casa Imperial do Japão, mas os historiadores têm dúvidas, mesmo porque vem junto o dado de que ele viveu 142 anos.

Quais são realmente os corpos sepultados nessas tumbas? O que mais elas contêm? Nintoku existiu? Se existiu, teve mesmo uma vida tão comprida? Nossos descendentes saberão.

XVIII – *Abu Bakr Keita II*. O Rei Abu Bakr II, ou Abubákari II, do século XIV, foi o nono mansa (imperador muçulmano) do Império do Máli, tendo sucedido a seu irmão Mohamed Ibn Gao e deixado depois o trono ao sucessor Mansa Musa.

O que se sabe de Abu Bakr II é o que foi ouvido e registrado no Cairo pelo historiador sírio Chihab al-Umari de uma conversa entre o anfitrião egípcio Abul Hassan Ali Ibn Amir Habib e seu hóspede, o monarca Mansa Musa, quando de uma viagem deste a Meca.

Disse Mansa Musa que seu antecessor queria conhecer o limite do Oceano Atlântico. Enviou uma primeira expedição, que não conseguiu alcançar o objetivo. Então retomou os preparativos para uma segunda expedição, mais bem equipada.

Segundo o que escreveu al-Umari, foram centenas de barcos, cheios de víveres, de ouro e de tripulantes. O rei deu ordem ao almirante para não voltar se não achasse o fim do oceano. Depois de meses, um dos barcos retornou. Questionado, o capitão explicou: "Majestade, nós estivemos navegando por muito tempo, até que chegamos ao meio do oceano, e foi como se um grande rio fluísse com violência; meu barco foi o último, enquanto outros estavam diante de mim; iam eles chegando a esse lugar e afogando-se na banheira de hidromassagem; naveguei para trás para escapar da corrente."

Abu Bakr II não acreditou na história contada pelo marujo desertor. Ordenou que preparassem dois mil barcos, para levarem a ele, o rei, e a seus soldados. E mais mil barcos carregados de água e víveres. Em 1312, deixou Mansa Musa como regente e partiu com seus homens no sentido do poente, para não mais retornar.

Alguns pesquisadores do Máli buscam pistas sobre a chegada de Abu Bakr II à América. Dizem que segundo a crônica de Bartolomeu de las Casas a terceira viagem de Colombo tinha por objetivo responder a uma demanda do Rei João II de Portugal quanto a um rumor de que canoas africanas haviam sido encontradas, e a outra demanda dos nativos da Ilha de Espanhola - dividida hoje em República Dominicana e Haiti -, que contavam de uns habitantes negros do sul da ilha que usavam lanças feitas de um metal chamado guanina, composto de ouro, prata e cobre. Baseiam-se também em Washington Irving, que fala dessas lanças de guanina em seu livro "Vida de Colombo".

No entanto, historiadores, antropólogos e arqueólogos das principais universidades americanas e europeias rejeitam qualquer indício de visita de navegadores do Velho Mundo à América antes de Colombo.

Mas onde foi para Abu Bakr Keita? Foi devolvido pelo mar a algum ponto da costa da África? Naufragou com seus milhares de barcos? Eis um dos grandes mistérios da história.

XIX – *Expedição Franklin*. Esta foi outra grande tragédia marítima, muito mais próxima dos ingleses da BBC. O Capitão Lord John Franklin partiu da Inglaterra com dois navios, HMS Erebus e HMS Terror, com 128 marinheiros, em 1845, com o objetivo de encontrar a passagem noroeste do Canadá, pelo Ártico.

Franklin, oficial da Armada Real, a marinha britânica, já tinha estado no Ártico três vezes, de modo que esta de 1845 seria sua quarta expedição, terceira no posto de comandante. O grande trunfo agora seria desbravar essa passagem noroeste, ainda inexplorada.

A experiência do capitão não ajudou, nessa quarta expedição. Ele e todos os seus homens morreram congelados.

Como não tinham dado sinal de vida, sua viúva Jane Griffin,

junto às viúvas dos tripulantes, pressionaram a marinha britânica a fazer buscas na área. Em 1850, com ajuda de barcos do Canadá e dos Estados Unidos, marinheiros encontraram as tumbas de três tripulantes.

É atribuída à viúva Jane Griffin a letra da canção "Lamento a Lord Franklin", em quartetos decassílabos, que foi musicada por autor anônimo. A última estrofe diz: "E agora este meu fardo me traz dor. / O principal, por Franklin, cruzaria. / Daria dez mil libras de bom grado / A quem dissesse que meu Franklin vive" (aqui, com Carmina e sua banda: **tiny.cc/0gu7rz**).

A passagem noroeste só foi finalmente vencida em 1903, por Roald Amundsen.

Mais de um século depois do provável bloqueio no gelo, em 1981, equipe de pesquisadores da Universidade de Alberta, Canadá, decidiu estudar os ossos daquelas tumbas encontradas e outros materiais já recuperados desde aquele acontecimento. As hipóteses levantadas foram de que os tripulantes morreram de tuberculose e pneumonia, ou de envenenamento por chumbo, contido nos enlatados que eles consumiam.

Anos depois, novas suposições surgiram. Uma é que o problema se deveu ao suprimento de água potável dos navios. Também foram achados cortes nos ossos, indicando possibilidade de canibalismo entre eles, devido à fome, pelo fim dos suprimentos. Em 2014 uma expedição finalmente encontrou o navio HMS Erebus, perto da Ilha King William, no território de Nunavut. E em 2016 foi achado o segundo navio, o HMS Terror, no mesmo território. Esses resgates ajudam a avançar no estudo das causas da tragédia, mas não dirão tudo.

O mistério sobre a causa principal da interrupção da viagem continua.

XX – *Travessia do Mar Vermelho*. Sem retomar a questão do mistério de Atlântida, já esmiuçada acima, completamos a viagem dos enigmas com mais alguns poucos fatos que não podem faltar neste livro. Um deles é a Travessia do Mar Vermelho, ocorrida no século XIV a.C.

Os fundamentalistas entendem os milagres como mágicas, que descem do céu como relâmpagos invisíveis. Mas os estudiosos da Teologia veem a história de modo diferente. O milagre é algo que não se explica no dia, mas que pode esclarecer-se depois, porque não contraria as leis da natureza, que são, afinal, para qualquer teólogo, parte das leis divinas. Um milagre não faz com que um corpo que foi cremado e transformado em cinzas ressuscite no dia seguinte em perfeitas condições vitais. Isso seria feitiçaria. Assim, se caía maná no deserto para alimentar os judeus, ele não estava ali por geração espontânea. Javé o trazia de algum lugar, usando a força dos ventos.

Na fuga do Egito, os judeus tinham de atravessar o Mar Vermelho, que é o braço de mar que separa o Egito da Arábia Saudita e que, na parte mais estreita, ao norte, separa o Egito de Israel.

Não é fácil levantar hipóteses sobre como esse mar se transformou num banco de areia, da noite para o dia, dando passagem aos judeus, e, logo depois da passagem, voltou a receber suas águas, afogando o exército do faraó. Mesmo assim, estudiosos têm levantado possibilidades. Uma delas relaciona a data da travessia à célebre erupção do Vulcão Santorini, que provocou um maremoto capaz de destruir grande parte do arquipélago que formava Creta, e que alguns já supuseram ter inundado Atlântida, se esta estivesse situada por ali.

A ideia é que esse monstruoso maremoto em seu refluxo sugou as águas do Mar Vermelho na região próxima ao Mediterrâneo, deixando momentaneamente a areia do leito à mostra. Com a volta das águas a seu nível costumeiro, os soldados do faraó se deram mal.

Pode ter havido também, alternativamente, um maremoto do lado contrário, no Oceano Índico, puxando as águas para o sul.

Como saber? Só os pesquisadores do futuro poderão esclarecer isso.

XXI – *Existência de Pitágoras*. Antes do tempo de Pitágoras de Samos, no século VI a.C., as crianças frequentavam a "escolinha", chamada paideia, em grego, correspondendo, no mundo moderno, ao "jardim da infância". Em torno dos oito anos de idade o menino estava alfabetizado, e não havia mais escola. Quando adolescente, o que na visão dos antigos era um jovem adulto, o cidadão podia engajar-se em centros de formação profissional, que podiam ser o exército, o templo, o curso de fiscal de rendas, ou coisas assim. Foi Pitágoras quem inventou a escola como a instituição que existe hoje. O que ele viu, depois de aprender Geometria com Tales de Mileto, 50 anos mais velho que ele, foi que aqueles temas que Tales dominava bem podiam ser levado a muitos jovens, mas isso demandaria anos. Seria necessário um curso de preparação geral, o que, no entender dele, deveria envolver além de Filosofia, palavra que dizem ter sido inventada por ele, outros quatro temas de treinamento, que eram Geometria, Astronomia, Música e Aritmética.

Ao conjunto daqueles quatro assuntos ele deu o nome de Matemática, a partir da palavra "máthema", que em grego significa "aprendizado". Matemática é, portanto, "ciência do aprendizado".

Não foi nada fácil começar. Dizem que quando ele divulgou a ideia, não conseguiu adeptos. Mas, sendo ele bem situado financeiramente, prometeu a um grupo de rapazes que se assistissem às aulas de Geometria dele, ao fim de cada sessão ele recompensaria cada um com uma moeda. Aí o interesse brotou na turma.

Depois de uns meses nessas aulas, ele começou a sentir-se bobo, esforçando-se por ensinar, enriquecer culturalmente aqueles jovens, e pagando! Ao fim de determinada aula ele avisou: "Vamos parar por aqui". Mas os rapazes estavam já envolvidos e entusiasmados com o conhecimento. Sugeriram continuar, mas invertendo a relação comercial: eles pagariam uma moeda ao mestre ao fim de cada sessão.

Quando foi para Crotona, no sul da Itália (no bico da "bota"), e casou-se com Teano, filha do imperador, já não teve dificuldade em montar sua célebre escola. Teano tornou-se a primeira matemática mulher da história.

Dos alunos que ingressavam, depois de passar por rígido processo seletivo baseado principalmente em Ética, Pitágoras exigia discrição absoluta sobre o que aprendiam. Os teoremas e outros aprendizados eram um assunto que só dizia respeito a ele e aos alunos, a quem ele chamava de "matemáticos". Contam que um rapaz que tentou ingressar e foi reprovado, passou a fazer oposição pesada a Pitágoras e, por extensão, à família real. Espalhava que o segredo sobre o aprendizado explicava-se por tratar-se de bruxaria. Quando teve oportunidade, depois da derrota do exército de Crotona para um Estado vizinho, esse reprovado arrebanhou um grupo grande de opositores para incendiar o prédio da escola, com Pitágoras e os alunos lá dentro.

Alguns alunos sobreviveram e continuaram o trabalho de Pitágoras em outros lugares. Dizem que o prédio ficava sobre um rio, e uns deles escaparam nadando.

Como não existe um livro escrito por Pitágoras, nem qualquer outro documento atestando diretamente a existência dele, a academia dos tempos atuais não tem como não pôr em dúvida a própria existência do sábio de Samos. Terá ele existido de fato? O nome dele era mesmo Pitágoras?

XXII – *Dom Sebastião I.* Mais de dois milênios depois de Pitágoras vamos encontrar no século XVI Dom Sebastião I, rei de Portugal e Algarves, apelidado "O Desejado", que partiu para uma guerra de conquista territorial, no norte do Marrocos, e desapareceu sem deixar rastros, durante a Batalha de Alcácer-Quibir, no ano de 1578, aos 24 anos de idade.

Seu pai, João Manuel, morreu duas semanas antes de ele nascer, e sua mãe, Joana da Áustria, princesa de Castela, voltou à corte de seu avô Carlos V meses depois, deixando o bebê aos cuidados da sogra, a regente Catarina de Habsburgo. Aos três anos de idade Sebastião subiu ao trono como rei, mantendo a regência primeiro nas mãos de sua avó Catarina, e mais tarde com o tio, o Cardeal Dom Henrique de Évora. Nessa fase deu-se a conquista de Macau (1557), na China, e de Damão (1559), na Índia, possessões que Portugal manteve por mais de quatro séculos.

A dificuldade maior estava na região já conquistada do Marrocos, por causa do avanço dos turcos, que dominavam quase todo o norte da África.

Contando com apoio do papa, que lhe enviou tropas comandadas pelo comandante inglês Sir Thomas Stukeley, e dos emires aliados no Marrocos, embora com ajuda muito reduzida de Castela, o rei rumou com seu exército ao Marrocos para assegurar a posse dos territórios portugueses, contra o assédio dos chamados "emires inimigos".

O combate mais decisivo deu-se no dia 4 de agosto, em Alcácer-Quibir, quando o exército cristão, dirigido por Dom Sebastião, enfrentou a coalizão dos muçulmanos que contavam com um contingente duas vezes mais numeroso. O resultado foi a morte de oito mil soldados cristãos e de seis mil do exército muçulmano, além de um número de prisioneiros cristãos avaliados em dez mil. Morreram ali os três chefes militares em campo, chamados os "três reis", que eram Dom Sebastião, o emir Abd al-Malik e o emir al-Masluk. Este último não foi abatido em campo, mas morreu afogado quando tentava escapar.

Por mais que procurassem, os sobreviventes não conseguiram identificar o corpo de Dom Sebastião. Semanas depois, surgiu a notícia de que um dos corpos sepultados em Alcácer-Quibir era o do rei português. Nessa altura, o mito de que Dom Sebastião tinha escapado vivo e que voltaria a reinar já se havia espalhado por África e Europa. As autoridades portuguesas não queriam alimentar esses boatos e aceitaram transladar o corpo, que já se encontrava em Ceuta, para sepultá-lo no Mosteiro dos Jerônimos, na cidade portuguesa de Belém, no ano de 1580.

Nesse ano, quando se deu a morte do cardeal, que vinha mantendo o poder, o trono viu-se sem nenhum herdeiro na linha de sucessão. Como a mãe de Dom Sebastião havia voltado para a Espanha, o monarca espanhol reivindicou o trono português, iniciando ali a "união das duas coroas", arranjo que durou até 1640. O hiato na existência do reino português ajudou a fortalecer o "sebastianismo", que era o movimento que defendia a volta do rei, acreditando que ele estava vivo.

O mistério, pois, não está desvendado, pelo menos para a grande maioria dos portugueses. Será mesmo o corpo sepultado no Mosteiro de São Jerônimo o de Dom Sebastião?

XXIII – *Voo do Padre Gusmão*. Sem sair de Portugal, mas "voando" para o ano de 1709, vamos especular sobre a invenção do aeróstato.

O Padre Bartolomeu Lourenço de Gusmão (1685-1724) nasceu na cidade de Santos e foi para a sede do reino aos 15 anos de idade, tendo estudado e sido diplomado na Universidade de Coimbra, onde mostrou grande aptidão para a Física e a Matemática.

Consta que em 1716 registrou na Holanda o invento de uma grelha solar, "sistema de lentes para assar carne ao sol".

Antes disso, em 1709, solicitou ao rei de Portugal a patente de um instrumento para "andar pelo ar", para uso no comércio, na guerra e nas comunicações. A coroa concedeu-lhe o direito sobre o invento no dia 19 de abril. No dia 8 de agosto ele fez a apresentação na frente da Casa das Índias de Lisboa, com a presença do Rei Dom João V, da rainha, de diplomatas, clérigos e outras autoridades. Voou com seu balão de ar quente, o primeiro aeróstato da história, a uma altura de quatro metros acima do solo. Era a concretização de um dos projetos de Roger Bacon, frade inglês do século XIII.

Depois do feito, ganhou em Portugal o apelido de "Padre Voador", e seu aparelho ficou conhecido como a "Passarola".

O infortúnio desse evento é que, além do rei de Portugal, apenas o papado reconheceu a primazia do Padre Gusmão para esse invento. No dia 4 de junho de 1783, diante de Luís XVI, em Versalhes, os irmãos Montgolfier apresentaram o voo de seu balão, que alcançou 1600 metros de altura, carregando uma ovelha, um galo e um pato. Este é reconhecido internacionalmente como o primeiro voo de um aeróstato.

Nossos pesquisadores do futuro poderão verificar o que aconteceu em Lisboa 82 anos antes. A Passarola voou sozinha, sem o padre? Voou levando o padre como tripulante? Ou ela não tinha estofo para ser considerada um invento, já que subiu apenas quatro metros?

XXIV – *Manuscrito 512*. O documento mais misterioso e, talvez por isso, mais famoso da Biblioteca Nacional do Rio de Janeiro, é o Manuscrito 512.

O documento, de dez páginas, tem o título "Relação histórica de uma oculta e grande povoação, antiquíssima, sem moradores, que se descobriu no ano de 1753".

O nome do autor não se preservou, mas o texto foi escrito em tom de carta a um destinatário, o vice-rei Luís Pedro de Carvalho Peregrino e Ataíde, pelo chefe de um grupo de bandeirantes.

O pesquisador Manuel Ferreira Lagos foi a pessoa que o documento como algo de importância histórica, em 1839, no meio dos papéis da biblioteca, que então tinha o nome de Biblioteca Pública da Corte. Ele levou o texto ao Instituto Histórico e Geográfico Brasileiro e a partir daí o Cônego Januário da Cunha Barbosa publicou uma cópia na revista do órgão.

Intelectuais da época deram muito crédito ao teor do documento, incluindo o Imperador Dom Pedro II. De pronto foi divulgado o relato sobre as minas perdidas de Robério Dias.

Esse poderoso proprietário alegava ter em suas terras, no

interior da Bahia, uma jazida fabulosa de prata, ouro e pedras preciosas. O nome dele ganhou fama porque chegou a ser preso para revelar à coroa a localização dessas minas. Conta-se que tinha viajado à Europa, já na época da união das coroas, e apresentado uma proposta ao Rei Felipe III da Espanha: se lhe fosse dado o título de marquês, ele forneceria ao reino volume de prata suficiente para pavimentar todas as ruas de Lisboa. A contrapartida do rei foi que o título seria dado apenas se ele desse a localização das minas e passasse a propriedade delas para a coroa. Ele decidiu fazer segredo do mapa daquele veio. O caso inspirou o romance "As Minas de Prata", de José de Alencar.

Essa "oculta e grande povoação" de que fala o título do manuscrito é caracterizada no corpo da carta como uma cidade de tipo greco-romano, no traçado e na arquitetura. Continha estátuas, figuras em baixo relevo, casas de piso pavimentado e arcos, como os das velhas cidades romanas. Nas imediações, localizavam-se as minas de ouro e prata de Robério Dias, que vieram a despertar cobiças variadas entre os aventureiros e sonhadores da época.

Alguns estudiosos relacionaram a cidade perdida do manuscrito a um dado constante de texto do historiador grego Diodoro Sículo (90 a.C. - 21 a.C.), no livro V de sua obra Biblioteca Histórica, em que menciona a chegada de navegantes fenícios a um continente a oeste da África, levados por correntes marítimas. Pouco tempo depois Roma dominou a Fenícia e o que se deduz é que tenha, ela própria, no início da era cristã, explorado essa área descoberta por seus súditos.

Historiadores da Bahia divulgaram a interpretação de que existiam indícios de cidades antigas no interior ocupadas por indígenas e quilombolas. Nos anos seguintes, até 1846, algumas expedições foram feitas à Chapada Diamantina, em busca dessa povoação. Enfim, por volta de 1880, Teodoro Sampaio, que viajou à região para buscar alguma referência, chegou à conclusão de que as formações rochosas do lugar, que, de fato, vistas de longe dão a impressão de que são ruínas de antigas civilizações, levaram o autor do manuscrito a criar a fantasia da cidade perdida.

No entanto, em 1574 o governador geral do Brasil Luís Brito de Almeida enviou uma expedição comandada por Antônio Dias Adorno com o objetivo de apurar o relato dos homens de uma expedição anterior, que diziam ter encontrado uma antiga cidade e uma serra cheia de esmeraldas. Essa segunda expedição não localizou as esmeraldas, mas contou ter encontrado as ruínas da tal cidade, perto do Pico da Bandeira, que se situa no Espírito Santo, perto da divisa com Minas Gerais.

Anos depois, o escritor Gabriel Soares obteve financiamento do Rei Felipe II da Espanha para fazer uma expedição seguindo mapas de Antônio Dias Adorno e de seu irmão João Coelho de Souza, que tinha morrido de uma febre contraída em expedição anterior. Gabriel Soares também morreu em sua busca, mas um índio que o acompanhara apresentou a seu primo Belchior Dias Moreira umas pedras de prata que comprovavam a existência das tais minas. Moreira localizou o veio de prata e seu filho e herdeiro, Robério Dias, apelidado Muribeca, tornou-se um homem muito rico.

O escritor britânico Sir Richard Francis Burton foi o primeiro a divulgar uma versão em inglês do Manuscrito 512, feita por sua esposa Elizabeth Burton e incluída em seu livro "Explorations of the Highlands of Brazil" (Explorações dos interiores do Brasil), de 1869, disponível atualmente na Amazon. Burton viajou pelo Rio São Francisco, desde o início até a Cachoeira de Paulo Afonso, para obter subsídios para seus escritos.

Quem mais se impressionou com as informações foi o coronel britânico Percy Harrison Fawcet. Em 1921 ele viajou pelo interior da Bahia, em busca do que ele chamava Cidade Z, ou Cidade de Raposo. Sem resultado na Bahia, em 1925 ele viajou para o Rio Xingu, acompanhado do filho Jack e de um amigo deste, Raleigh Rimell. Nunca mais voltaram e deles nenhuma informação se obteve desde então.

Acrescenta-se assim novo mistério ao do Manuscrito 512. O que ocorreu a Fawcet e seus dois acompanhantes? Sobre as minas de prata, elas existiam mesmo? E a cidade perdida terá algum fundo de verdade? Se tem, onde está localizada? São perguntas que um dia serão respondidas.

XXV – *Antoine de Saint-Exupéry*. O aviador e escritor francês Antoine de Saint-Exupéry, nascido em 1900, desapareceu no litoral de Marselha, em 1944, enquanto lutava contra as forças nazistas.

Nascido em Lion, aos quatro anos perdeu o pai, tendo sido

criado pela mãe, uma enfermeira. Estudou no colégio jesuíta em Le Mans e depois no colégio marianista de Friburgo, Suíça. Fez o exame de ingresso à Escola Naval, mas não foi aprovado, então prestou o serviço militar no 2º Regimento de Aviação de Estrasburgo, onde se tornou piloto. Em 1922 conseguiu seu brevê, como subtenente da reserva, e passou a trabalhar.

Em 1926 começou a trabalhar numa linha aérea que fazia os serviços de correio entre Tolouse, Casablanca (Marrocos) e Dacar (atual Senegal). No ano seguinte passou a chefiar o posto do Cabo Juby,no Marrocos, onde ganhou o apelido de Senhor das Areias. Nesse tempo começou a publicar seus primeiros romances.

Seus livros faziam sucesso em toda a comunidade francófona, mas também nos países estrangeiros, onde eram lançados em tradução.

Entre seus livros famosos estão O Aviador, Correio do Sul, Voo Noturno, Terra dos Homens, Piloto de Guerra, Carta a um Refém e O Pequeno Príncipe (O Principezinho, em Portugal).

Residiu na Argentina, voltou à França e mais tarde foi morar em Nova Iorque, Estados Unidos, onde participou de campanhas para que o país entrasse na guerra contra o nazismo.

Voltou finalmente à França para voar nas linhas de combate na Sardenha e na Córsega.

Nesses tempos havia sido vítima de um "cancelamento" moral por parte do General Charles De Gaulle, tão ou mais grave quanto um acidente aéreo que quase o levou a óbito no Deserto do Saara, em 1935. Ele não via com bons olhos a liderança de De Gaulle frente às Forças Livres da França, pois achava que a preocupação maior de De Gaulle não era a França, mas a ascensão pessoal. Como não fazia segredo dessa opinião, e era lido por todos os lados, inclusive na França Colaboracionista do regime de Vichy, De Gaulle espalhou que essa admiração de Vichy por ele era mostra de que ele era apoiado pelo nazismo.

O resultado dessa campanha de De Gaulle foi que os leitores simples, as classes populares, mantiveram seu encantamento com sua literatura, mas os intelectuais, os leitores mais sofisticados, passaram a rejeitá-lo.

O futuro dirá quem fez mais pela humanidade, se De Gaulle, muito incensado até hoje em seu arrivismo e sua demagogia, ou o escritor popular Saint-Exupéry, e também desvendará as circunstâncias da morte do piloto, quando foi derrubado pelos alemães na costa de Marselha, em 31 de julho de 1944. Já se sabe que foi alvejado no ar e os destroços do avião foram encontrados em 2004, mas seu corpo nunca apareceu.

Decálogo. Para encerrar este livro, passamos a apresentar, ou reforçar, dez sinais de que os óvnis vêm do futuro da Terra, não de outro planeta. Aí vão, com uso dos elegantes numerais maias, desde o número um.

* - *Relatividade*. Desde que Poincaré publicou seu ensaio "Teoria da Relatividade", em 1897, como resultado do trabalho que o Instituto de Pesos e Medidas o incumbiu de fazer, que era um estudo para sincronização dos relógios nas várias capitais da Europa, a velha ideia de tempo absoluto começou a esvair-se. Albert Einstein, com seus "Teoria da Relatividade Especial" (1905) e "Teoria da Relatividade Geral" (1916), não deixou margem a dúvida. O tempo é relativo. Não é o mesmo em todos os lugares e não decorre do mesmo modo para todos. Sabemos agora que o universo se expande, que o raio de luz não é tão linear, que a máxima velocidade é a da luz e que existem dobras no espaço-tempo.

** - *Minhoca*. Os buracos de minhoca são as pontes que conectam regiões de galáxias distantes e momentos de épocas também distantes. Não sabemos ainda como segurar um deles na mão e fixá-los, para que não evaporem num átimo.

*** - *Sensitividade*. Certas pessoas que se submetem a hipnotismo sentem-se transportadas para outros lugares e tempos, em viagem que pode dar-se por buracos de minhoca. O mesmo ocorre com gente que atinge certos estágios mentais de alta sensibilidade e calma, sem que haja controle sobre quando ocorrerá ou não um "transporte". Até os dias de hoje, é perda de tempo pegar uma pessoa sensitiva e querer que ela, no laboratório, produza uma premonição ou visite mentalmente um instante passado. Isto é assim porque não sabemos ainda como fixar um buraco de minhoca, se é que a travessia ocorre mesmo por eles.

**** - *Pesquisas*. Não são místicos, apesar de que eles também se envolvem na questão, os cientistas que vêm estudando há décadas a possibilidade de viagem no tempo. O número certamente é maior do que o de quem se dedica a encontrar hominídeos alienígenas.

_ - *Arqueologia*. Os ovnis mostram especial interesse por visitar sítios arqueológicos que encerram mistérios de nossa história, ou de nossa pré-história. Se fossem naves alienígenas, elas não teriam motivo para ver esses sítios como lugares especiais.

* - *Hominídeos*. Quem já conseguiu ver os tripulantes dos óvnis garante que eles são hominídeos (e devemos abstrair as fantasias quanto à fisionomia deles). Se fossem indivíduos de outros planetas, de acordo com a Teoria da Evolução, devido ao aspecto especiação, não seriam hominídeos.

** - *Ecologia*. Os visitados que, além de terem visto os tripulantes, tiveram algum tipo de comunicação com eles relatam que a mensagem principal deles é sobre nossa responsabilidade para com a preservação da saúde do meio ambiente da Terra. Ora, é a grande preocupação que começou no século XX e será mantida por mais alguns outros séculos. Gente de outro planeta teria tanto interesse nisso quando nos sítios arqueológicos, isto é, não veriam nada de importante no tema.

*** - *Drones*. O formato dos óvnis que são naves espaciais é o de drones grandes, supervelozes e superluminosos. E drones são aparelhos que só tenderão a aperfeiçoar-se daqui para frente. A intensa luminosidade é pela velocidade, que deverá ser próxima à da luz.

**** - *Projeto*. O *Projeto Livro Azul*, finalizado em 1969, como resultado de programas de investigação que vinham desde 1952, pela Força Aérea dos Estados Unidos (USAF), concluiu que os óvnis não representam perigo para a segurança nacional do país. Ora, se fossem naves alienígenas, seus objetivos e riscos seriam totalmente indecifráveis de nossa parte.

= - *Ausência*. O mesmo Projeto Livro Azul, que analisou 40 mil informes, dos quais apenas 23% resultaram de fato em casos de objetos não identificados (o resto eram aviões, balões, fenômenos meteorológicos, etc.), concluiu que nenhum indício existiu de que as aparições fossem de naves de outros planetas.

Conhecimento. Não sabemos de forma determinante se entre os óvnis pode haver algo de origem alienígena. Não pudemos ainda comprovar, peremptoriamente, que eles vêm do futuro da Terra, embora possamos argumentar confortavelmente. Mas sabemos, com garantias dos mais renomados centros de pesquisas científicas e militares, que os óvnis existem.

Os que dão muito crédito à existência de formas humanas de vida em outros planetas não estão em má companhia: astrônomos como William Herschel e Percival Lowell e filósofos notáveis como Immanuel Kant acreditavam. Mas as chances são quase nulas.

Sobre haver o fenômeno da visualização de óvnis, Carl Gustav Jung escreveu o livro "Um Mito Moderno: sobre coisas vistas no céu" (1958). Nele o psicólogo suíço diz que as pessoas veem objetos no céu, sim, mas não sabemos o que são, se uma realidade física ou apenas realidade psíquica.

Se são mesmo naves do futuro, Jung está coberto de razão. Para quem recebe a visita, não só para os que ouvem o relato posteriormente, a certeza de que o que foi visto é um objeto concreto flui no tempo, como fumaça. Se foi possível fotografar, tem-se o registro de um fenômeno luminoso, um espectro, antes de qualquer coisa.

Poderemos fazer viagens no tempo em corpo e alma? Nossas máquinas de aço poderão trafegar pelos buracos de minhoca sem desfazer-se ou sem transformar-se completamente em pura energia? Não sabemos e estamos ainda longe de saber neste começo de milênio.

A alma humana é uma entidade mística para os religiosos.

Para os físicos agnósticos que admitem a existência do fenômeno espectral, para usar um vocabulário de Shakespeare, a alma é uma entidade quântica (os físicos que são religiosos conciliam as duas visões). Ela se projeta para além do corpo assim como uma lanterna projeta o raio luminoso para o entorno. O que se prolonga não é uma mera onda. Como Einstein mostrou, é onda e é conjunto de partículas, jorro de fótons. A alma quântica é feita de fótons. Ela se expande no espaço. Só no espaço? Quando a pessoa morre, ela não se estende também para o futuro, "transcendendo" a existência biológica? Também a alma quântica das pessoas vivas pode ter essa expansão. Pode ir para o passado? Talvez nossa possibilidade de viagem no tempo esteja no transporte de nosso invólucro quântico. E isso será uma garantia forte de que não atentaremos contra o paradoxo do avô, podendo a alma de Hawking descansar em paz.

Entretanto, quem sabe se nossos descendentes não descobrirão um meio de transportar ao passado nosso corpo concreto, para fins de observação dos fatos antigos e, às vezes, alguma traquinagem, como desenhar os "círculos de colheita"?

A conclusão mais alvissareira resultante desse fato, o da iminente viagem no tempo, é que, além da cura para as doenças dos humanos, o meio ambiente também será curado, e a Terra será salva. E como ficará nosso livre arbítrio? Estará onde sempre esteve, sem grandes mudanças na vida cotidiana. As grandes decisões nacionais, assim como as internacionais, é que deixam de ser um lance de dados, pois suas consequências passam a ser conhecidas. As opiniões, os palpites e os prognósticos dos falsos sábios deixam de ter valor.

Temos de apostar nas melhores possibilidades. Não é apenas de fazer arte, sexo, humor, leitura, festa, esporte, visita ao parque, banho na cachoeira, trabalho e banquete que vive nossa diversão na ânsia de escapar ao mergulho no peso enorme de nossa existência e à consequente depressão, mas ela vive também, de modo ainda mais confortável, da confiança de que se tem aí a incumbência mais nobre, que é fazer ciência.

Não desanimemos e lutemos com afinco para educar e ilustrar as novas gerações.

@cacildo